全民阅读·经典小丛书

跟卡耐基学当众讲话

GEN KANAIJI XUE
DANGZHONG JIANGHUA

冯慧娟 编

吉林出版集团股份有限公司

图书在版编目（CIP）数据

跟卡耐基学当众讲话 / 冯慧娟编 . —长春：吉林
出版集团股份有限公司，2016.1
（全民阅读.经典小丛书）
ISBN 978-7-5581-0130-4

Ⅰ . ①跟… Ⅱ . ①冯… Ⅲ . ①口才学－通俗读物
Ⅳ . ① H019-49

中国版本图书馆 CIP 数据核字 (2016) 第 031658 号

GEN KANAIJI XUE DANGZHONG JIANGHUA

跟卡耐基学当众讲话

作　　者：冯慧娟　编
出版策划：孙　昶
选题策划：冯子龙
责任编辑：王　妍　姜婷婷
排　　版：新华智品
出　　版：吉林出版集团股份有限公司
　　　　　（长春市福祉大路 5788 号，邮政编码：130118）
发　　行：吉林出版集团译文图书经营有限公司
　　　　　（http://shop34896900.taobao.com）
电　　话：总编办 0431-81629909　　营销部 0431-81629880 / 81629881
印　　刷：北京一鑫印务有限责任公司
开　　本：640mm×940mm 1/16
印　　张：10
字　　数：130 千字
版　　次：2016 年 7 月第 1 版
印　　次：2019 年 6 月第 2 次印刷
书　　号：ISBN 978-7-5581-0130-4
定　　价：32.00 元

印装错误请与承印厂联系　电话：18611383393

毫无疑问，不管你从事什么工作，打算做什么，你都需要与人交流。现在，先回想一下，你是否能在同事、上司、客户面前自如地表达自己的思想？你是否曾因胆怯、不善于表达而丧失过机会？你是否注意到沟通能力已经成为对现代人的基本要求？你是否害怕当众讲话？

通过调查发现，尽管人们从呱呱坠地起就开始咿呀学语，但流畅地讲话仍然是许多人的一大困扰，尤其是当众讲话。美国布拉斯金—戈德林调查公司所做的一项调查表明，在受访者中有45%的人害怕当众讲话。这是在高度注重个人特质的美国出现的统计数据，那么，对于个性含蓄保守的中国人又怎样呢？显然，害怕当众讲话的人群比例肯定要高于45%！

如果你刚好是众多不得不忍受当众讲话之苦的人之一，如果你觉得当众讲话的恐惧心理严重影响了你的事业，你想有所改变，你希望像那些

跟卡耐基学当众讲话

著名的演说家那样自如地发表一篇又一篇精彩的演讲，本书可以帮助你。《跟卡耐基学当众讲话》是根据20世纪美国著名教育家戴尔·卡耐基的著作以及演讲和授课记录整理而成的，旨在帮助人们克服心理恐惧，娴熟地运用讲话技巧，实现有效沟通。

其实，当众讲话也是一种运动，就像体育运动一样，提高讲话水平的方法有很多，但最重要的是不断练习和运用一些技巧。掌握这些方法和技巧，能够帮助你在人际交往中实现有效沟通，进而获得更大的成功，同时给你的人生带来更多的快乐，更大的幸福。

目录
CONTENTS

目录
CONTENTS

Lesson1
当众讲话"四项注意"

1. 克服恐惧心理

大多数人都有害怕当众讲话的心理，只是每个人的程度不同而已。

在我的口才训练课开课之前，我曾对那些来上课的人做过调查，问他们为什么来上这种口才训练课，以及对他们来说这种口才训练课的意义是什么。很多人的回答惊人地相似，他们说，每当他们当众讲话的时候，都不知道自己要说的是什么，因为那种害怕和不自在的感觉令他们无法集中精力去思考。他们希望这种口才训练课可以使他们在公共场所或社交场合充满自信，泰然自若地当众站起，侃侃而谈，并可以随心所欲地思考，使他们的讲话既富有逻辑性和哲理性，又能令人信服。

世界上没有天生的大众演说家，无论是在何种状态下都是如此。想要精通当众演说这门精致的艺术，除了要谨遵修辞法外，演说方式也要非常优雅，这是非常困难的。因此，只有经过不懈的努力才能成为一个优秀的演说家。

学习当众讲话并不像在学校学习知识那样容易，因为演讲是一门开放的艺术，没有经过长久的美化声音和修辞学研究是很难成功的。

有时候，演讲活动不是很重大，也可以只遵循一些简单的规则。在这一点上，我深有体会。1912年，我刚开始在纽约市青年基督协会任教时，运用的方法还是从大学教授那里学来的。但是，没过多久我就发现，这种方法是有问题的。商界中的人不是刚上大学的新生，用同样的方法来教他们是很大的失误，再怎么模仿韦伯斯特、柏克匹特和欧康内尔这些演说家也于事无补，我的学生们需要的是能够有勇气在下一次商务会议上站起来做明确而流畅的报告。于是，我把教科书全部放到一边，开始跟学生们相互交流，用简单的概念和他们切磋，使他们能够写出思路清晰、令人信服的报告。此后，他们一再回来学习，希望得到更多，这证明了这一招是多么有效。

我一生收到了无数封感谢信，它们来自社会的各个阶层和领域，包括工业领袖、州长、国会议员、大学校长、娱乐圈中的名人、家庭主妇、牧师、老师、各级主管人员、各类劳工、工会会员、大学生等。他们有一个共同之处，就是认为自己缺乏在公众场合中很好地表达自己、让别人接纳自己观点的能力和自信。他们满怀感激地给我写信，因为我帮他们做到了这一点。

有一个热心的棒球迷，名字叫寇蒂斯，他是个医生，因为经常去看球员们练球而和球员成了好朋友。一次，他受邀参加一个为球队举行的宴会。

在宴会上，甜点上完之后，有几位著名的宾客被请上台讲话。然后，在没有任何预兆的情况下，他突然听到主持人宣布说："今晚我特别请我们医学界的朋友——寇蒂斯大夫上台，就棒球队员的健康问题谈谈他的意见。"

当然，他对这个问题早有准备，而且准备得相当充分，他的专业就是研究卫生保健，并且他有30多年的行医经验。如果让他坐在椅子里跟旁边的人谈论这个问题，他可以滔滔不绝地谈上一整夜。但是，让他站起来，到台上向眼前的人讲这些问题，对于一生中从未做过任何演讲的他来说，就是另外一回事了。他的心脏在剧烈地跳动，他感到不知所措，而只要他一思考，心脏就会立刻停止跳动。他脑海中一片空白，好像所有的记忆都插上了翅膀离他远去了。

人们在热烈地鼓掌，他该如何是好？面对大家热切的目光，他摇头表示谢绝，但这反而为他赢来了更热烈的掌声，人们大喊着："寇蒂斯大夫！请讲！请讲！"声音越来越大，也越来越坚决。

他的处境极为窘迫。他知道，如果站起来讲话，自己恐怕连几个完整的句子都无法讲出，一定会失败。于是，他一言不发地站起身，背对着自己的朋友，默默地走出去了。他感到无比的难堪和羞耻。

一回到布鲁克林，他就马上报名参加了演讲训练课程。他要摆脱那种尴尬窘迫、哑口无言的困境。

经过努力练习，他取得了连自己都感到不可思议的进步。开始的几节课上过之后，他的紧张情绪渐渐消失，信心渐渐增强。两个多月后，他不仅是班上的明星演讲家，而且收到了来自各地的请他前去演讲的邀请。现在的他很享受演讲带给他的那种喜悦和荣誉，更令他感到高兴的是，通过演讲，他结识了更多的朋友。一次，一位纽约市共和党竞选委员会的委员听到了他的演讲，非常欣赏他的能力，特地邀请他代表共和党到全市各地去做竞选演说。我想，这位政治家怎么也不会相信，一年以前，就是这位他非常赏识的演讲家，曾经在一个宴会上尴尬地离开了，而原因竟是这位演讲家害怕面对观众，而且怕得心跳加快，张口结舌，连一个完整的句子都说不出。

由此可以看出，想要克服当众讲话的恐惧心理并不是非常困难的。爱默生曾经说过："世界上没有什么东西比恐惧更能击垮人类。"因此，我认为，掌握当众讲话技巧的最好方法之一就是消除人们的恐惧感和自卑感，而最有助于消除这两种感觉的方法是练习在公共场合说话。经常在公共场合说话可以帮助我们建立勇气和自信，克服不安和恐惧。

大多数人都有害怕当众讲话的心理，只是每个人的程度不同而已。调查显示，80%~90%的大学生都惧怕上台演讲，而这个比例在刚开课的成人演讲口才班里，几乎是百分之百。

事实上，如果能够克制自己的紧张感，在呼吸和脉搏加快的时候保持冷静，那么轻微的登台恐惧感反而有益于练习演讲。因为当你呼吸加速、心跳加快时，表示你的身体已经准备好对外界环境的挑战采取行动。只要这种心理预备不超过某种限度，与普通状态相比，你思考的速度会更快，你的语言的逻辑性会更强，你的话也会更有力度。在演讲刚开始的时候，即使是职业演说者也会感到恐惧，并且这种恐惧会在演讲的前几句话里流露出来。但是，他们可以快速地克服登台的恐惧感，保持冷静。

很多演讲者初登讲台的时候会感到恐惧和焦虑，因为他们还不了解当众讲话到底是怎么一回事，对他们来说，当众讲话有太多的不确定性，就像进入了一连串陌生而复杂的情景，很难掌控局面。正如罗宾逊教授所说："恐惧皆衍生于无知与不确定。"要想克服这种恐惧，使纷繁复杂的情境变得单纯轻松，就要多下功夫，使自己习惯于当众讲话。在坚持不懈的练习过程中，你会发现，恐惧在渐渐减少，最终，它会从阻力变成助力。这时，当众讲话也就会从痛苦变成享受。

在讲话的过程中尽量避免令自己不安的心理暗示也是非常重要的。在演讲时，不要心里总想着自己将会在某个地方突然停顿再也无法讲下去，或者预计自己会犯语法错误，这种反面的刺激可能会令你丧失信心，从而导致演讲失败。想要解决这个问题，可以尝试在开始演讲前集中精力听别的演讲者的讲话，把注意力从自己的身上转移到别人的身上，这样就可以消除登台恐惧感了。

2. 不打无准备之仗

成功属于有备而来的人。正如一个人上战场，想要"击中"听众的心，使用有故障的"武器"而且不带"弹药"，是不可能做到的。

希望自己的演讲收到良好的效果，达到预期的目的，提前做好准备是很重要的。同时，以适当的方式准备演讲也有助于克服恐惧心理，培养当众讲话的信心。

下面我想讲一个我自己的亲身经历。一次，我出席纽约扶轮社的午餐会，大家都兴致勃勃地等着听身为政府官员的主讲人讲述他部里的工作情况。但是，人们很快就发现，这位显赫的官员事先没有做任何准备。这位官员从口袋里掏出一个笔记本，但里面的内容就像一货车的碎铁片一样杂乱无章。他手忙脚乱地在这堆东西里翻来翻去，看上去尴尬而笨拙。随着时间一点点过去，他每一分钟都显得比前一分钟更没有条理，更语无伦次。但他仍然在做困兽之斗，那情形真是惨不忍睹。他用颤抖的手举起一杯水放在焦干的唇边，努力想把笔记理出点儿头绪来，可是恐惧已经完全占据了他的头脑，最后，他坐了下来。他失败了，原因就是没有事先做好准备。

在我所见过的演讲者中，他是最丢脸的人之一。卢梭曾说过，情书的书写方式是从不知所云开始到不知所云终止，他的演说方式也正是如此。

所以，我多次强调，成功属于有备而来的人。正如一个人上战场，想要"击中"听众的心，使用有故障的"武器"而且不带"弹药"，是不可能做到的。林肯曾经说过一句非常深刻的话："我认为，如果我无话可说，就算年纪再大，有再多的经验，也还是会感到羞愧的。"没有成功的准备，就没有成功的演讲。没有事先做好充分的准备就向听众演讲，跟浑身赤裸地出现在公众面前相差无几。

当你觉得准备得差不多了，就可以开始练习了。建议你在与朋友聊天时，把准备要讲的东西融入你的谈话中，这个方法简单有效而又十拿九稳。比如，你可以这样跟你的朋友说："你知道吗？我遇见了一件很有意思的事，给你讲讲吧！"你的朋友可能会感兴趣，请你讲下去。你要一边叙述，一边观察他们的反应，听他们的评价，这样你就可以从他们那里得到一些对你的演讲很有用的东西。你的朋友们也许知道，也许根本就不知道你是在做预先的练习，但无论知道与否，他们都不会介意，也许还会说一句："聊得真尽兴！"

在演讲时，你不仅要事先准备好演讲内容，也要整理好自己的着装和仪容，因为，它直接影响着听众对你的第一印象。

除此之外，整齐的仪表对演讲者本人也有很大的影响。一位在大学做校长的心理学家曾经做过一个关于服装会对人产生怎样影响的调查，90%的受访者都表示，他们能够明确地感觉到衣服对他们的影响。这种影响不容易解释，但却相当真实。穿戴得整齐干净，会使演讲者对自己更有自信。如果演讲者在服装的修饰下显出成功的样子来，那么他们所渴望的成功相对应地就会来得容易些。

那么，演说者的着装对听众到底有怎样的影响呢？你可以设想，假如站在台上演讲的是一位穿着松松垮垮的裤子和变形的外衣、全身上下邋里邋遢的男士，或者一位背着难看无比的大手提包、把衬裙露在外面的女士，几乎不会有一个听众对他们有信心。听众会觉得，这位演说者的头脑跟他那头乱发、没擦过的皮鞋，或者鼓鼓囊囊的手提包一样杂乱无章、毫无条理。

华盛顿的农业部有一个试验场，那里养着几百箱蜜蜂。它们的主人在每个蜂窝上都安装了放大镜，无论白天还是黑夜，只要按一下按钮，蜂窝内部立刻就会灯火通明，蜜蜂的任何一个细微的动作都可以被看得一清二楚。演说者在台上演讲时，就如同被置于放大镜下的蜜蜂，所有的灯光都照射在他身上，每一双眼睛都在盯着他。这时，他身上哪怕最细小的缺点都会立刻变得非常显眼。

3. 不要随便指责别人

威尔逊总统说："如果你握紧了两个拳头来找我，我可以告诉你，我的拳头会比你握得更紧。但如果你来找我这样说：'咱们好好谈谈，若有异议，我们不妨看看症结在哪儿？'这样一来，我们就有商谈的余地，或许我们的距离并非不可逾越。耐心加上彼此的诚意，我们就能更接近。"

还记得那则《太阳和风》的寓言吗？太阳和风都认为自己的力量比对方大，为此它们争执不休。风说："我立刻就能证明到底谁的力量大，看到那个穿着大衣的老人了吗？咱们比试一下，看谁能让他更快地把大衣脱下。"于是太阳躲进云里，风就使劲儿猛吹，可是风刮得越大，老人把身上的大衣裹得越紧。

最后，精疲力竭的风无可奈何地停了下来。接着，太阳从云彩里露出了头，朝老人温煦和蔼地笑，不一会儿只见老人额头上开始冒汗，身上的大衣也脱了下来。太阳对风说："仁慈和友善总是比暴力和愤怒更为有力。"

像寓言所昭示的那样，在遥远的波士顿城里，就发生了一件事。波士顿是美国的文化教育中心，小时候我从未奢望能够去那样的地方，而波士顿的B医生就在那时实践了这个寓言的真理。三十年后，他成为我的训练班里的一个学员。B医生在班上这样说：

"那个时候，波士顿的一些报刊上充斥着一些说得神乎其神的小广告，都是一些自称堕胎专家的人和一些庸医登的。这些广告表面是说给病人带来福音，其实话里话外都是他们耸人听闻的话，他们以此来恐吓病人，欺诈无辜的患者。不少人在堕胎后因为接受庸医的诊治反而丢了性命，可是他们却没能被依法治罪或者追究责任。金钱和政治背景让他们为所欲为却毫发无损。

"后来形势更加严峻，波士顿城内上流社会人士群起抗议，牧师们在讲台上抨击、痛责那些刊登污秽广告的报纸，他们祈求上帝能停止刊登那类广告。其他公共团体包括商会、妇女会、教会、青年会也都声援痛斥这一行为，然而一切照旧。州议会也开始了激烈的讨论，想使这种无耻的广告成为'非法'，但因对方的强大背景最终没有通过立法。"

那时B医生是一个基督教团体的主席，会员们使用了各种方法来对付这种医界败类，但最终都宣告失败，一切努力眼看就要付诸流水。

有一天的午夜时分，B医生仔细分析了局势，突然想到了一个全波士顿人都没有尝试过的做法。他要试着用友善、同情、赞赏的办法使报馆自动停登那一类的广告。

B医生给波士顿最著名的报社写了一封信，他在信中述说了自己对该报长久以来的仰慕之情，夸赞报纸的内容翔实，新闻尖锐有见地，社论更是精彩，是每个家庭必备的绝佳刊物。B医生还一再表示它是全州乃至全美最优秀的刊物之一。但他接着说：

"可是，一位朋友告诉我说，他年幼的女儿有天晚上看到贵报上的一则打胎广告，因为某些词不明白就问她父亲那些字句的意思。结果我的朋友被问得窘迫至极，他不知道该怎么跟孩子解释。

"贵报在波士顿上流社会是一份广受欢迎的读物。不知我朋友家里发生的情形，是否在别的家庭里也普遍存在？如果你有这样一个纯洁、天真的女儿，你想必也不愿意她看到这些广告吧？当你的女儿也问你同样的问题，你又该作何解释？

"贵报在别的方面均堪称完美，但却因这样致命的瑕疵常使做父母的不得不收回子女们翻阅贵报的权利。我个人对此深表遗憾，而数以万计的读者想必也都为此惋惜不已。"

两天后，这家报社的发行人给B医生回了信，这封信写于1904年10月13日。B医生把它保存了三十多年之后，在训练班上拿给我看。信的内容如下：

> 本月11日由本报编辑交来你的一封信，诵阅之余，至为感激。贵函提到的问题正是本报一直以来有心革除、但至今未能实施的事。
>
> 自周一始，本报所有版面中那些不受欢迎的广告都将被大力封杀。至于暂时不能停止的医药广告，会经编辑谨慎处理后，始行刊登，以避免引起读者的尴尬和反感为准则。
>
> 再次向阁下的指正表示衷心的感谢，本刊同仁均因此获益良多。
>
> 发行人　海司格尔

从波士顿这一事件中我们看到了仁慈和友善的力量，这恰恰印证了语言的真谛。的确，友善比公然地指责、抗议更能有效地改变他人的意愿。

早在一百年前，林肯就曾有过类似的表述，他说："有句老话这么讲：'一滴蜂蜜比一加仑胆汁能捉到的苍蝇要多得多。'讲话的道理与此相同，如果想让别人赞同你，就先要成为他人忠实的朋友。这如同用一滴蜂蜜粘住了他的心，而这时，你就容易得到他人的信任和赞同。"

听众是由单独的个体构成的，在遭到公然的指责时，他们也必然会愤怒。当你在怒不可遏的情况下，对人发了一通脾气，心头的愤懑自然会减

少一些，可是对方又会怎样？你的快感他能感受到吗？你那挑衅的姿态、敌对的态度，他受得了吗？

威尔逊总统说："如果你握紧了两个拳头来找我，我可以告诉你，我的拳头会比你握得更紧。但如果你来找我这样说：'咱们好好谈谈，若有异议，我们不妨看看症结在哪儿？'这样一来，我们就有商谈的余地，或许我们的距离并非不可逾越。耐心加上彼此的诚意，我们就能更接近。"

4. 争吵不能解决问题

争辩和反驳，或许会使你获得片刻的成就感，可是那种胜利是短暂而虚无的，因为你丧失了对方可能对你投入的好感。

一些人总喜欢与人舌战，常常与对方争得面红耳赤，以为这样才能显示自己的个人魅力。殊不知，一场争辩下来，十有八九的结果都是没有结果，无论输赢，双方只会对各自的观点更加坚定。你永远不要奢望能从争吵中获取真正的胜利。就算胜了，到头来你还是会觉得若有所失。为什么这样说呢？假定你在争吵中占了绝对的优势，把对方驳斥得体无完肤，证明他错得一塌糊涂。这又能怎样呢？你或许很得意，可是对方不是感觉自卑，就是感到自尊遭到严重损害，并且一定对你心怀不满。

睿智的富兰克林说过："争辩和反驳，或许会使你获得片刻的成就感，可是那种胜利是短暂而虚无的，因为你丧失了对方可能对你投入的好感。"

不妨衡量一下，你想逞一时的口舌之快，还是想得到人们对你的好感？二者通常不可以兼得。

波士顿的一本杂志上曾经刊登过一首意味深长的小诗："这里躺着威廉姆的身体，他一生都未尝犯过错误，但他的死就像他的错误一样。"

在争吵中或许你确实是对的，可当你要试图说服对方时，即使你对了，也跟不对一样。

玛度是威尔逊总统任内的财政总长，多年的从政经历让他总结出："争辩论永远都不可能使无知的人心服口服。"玛度先生说得太温和了。据我的经验，不仅仅是无知的人，任何人都是如此，你千万不要奢望用争辩使他的意志有丝毫转变。

美国有一位汽车推销员，名字叫迈特。他熟知各种汽车的性能和特点，这本该对他的业务极有帮助，但不幸的是，他太爱与顾客争辩了。一旦遇到挑剔的顾客，他更是会用自己精准的专业知识跟人家舌战一番，说到对方无言以对之后，他还会得意扬扬地说："这些家伙都被我打败了。"经理对于他的这种做法提出了批评，说："辩论的胜利只会导致你工作的失败。因为你在赢了辩论的同时，也得罪了顾客，他们不会在你这里买任何东西。"迈特终于明白了这个道理，再也不与顾客争辩了。

一天，他在推销怀特牌汽车的时候，遇到了一位傲慢的顾客。那位顾客轻蔑地说："我只喜欢胡雪牌汽车，像怀特牌那样的破汽车，你白送我都不要！"迈特微笑着回答："你说得很对，胡雪牌汽车在设备和技术方面都非常棒。看来你是位行家啊，我们找个时间探讨一下怀特牌汽车如何？"于是两人便海阔天空地聊起来。迈特趁机把怀特牌汽车的好处大肆宣扬了一番，并逐渐得到了这位顾客的认同，最后生意终于成交了。后来，迈特成了美国著名的模范推销员。

为什么迈特可以从一个争强好胜的推销员变成一个谦虚的模范推销员？因为迈特掌握了"不宜在交易中争辩"这一重要的原则。

可见，争吵并不能解决问题。佛说："恨止恨无门，唯爱可止恨。"所以，只有靠技巧去协调，并客观地看待对方的观点，才能够消解误会。

为了账目的问题，所得税顾问帕逊和政府的一位税收稽查员争论了一个小时之久。帕逊声称这9000美元是一笔无法收回的死账，自然不应纳税。稽查员反对说："死账？死账也得交税。"

这个稽查员又冷淡又傲慢，跟他说什么都无济于事。他们越争辩，稽查员反而越来越固执，所以帕逊决定岔开话题，说几句好听的话。

"我说：'对你来说，这个账目问题不过是小菜一碟，毕竟那么多复杂重要的问题你都解决了。我虽然研究过税务，但都是些书本上的死知识，而你日常处理事情那才是真材实料。真羡慕你能从事这份工作，我要是也能当个稽查员就好了，那样就能学不少东西。'

　　"这些话我说得句句诚恳。那位稽查员伸展了一下腰，往椅背上靠了靠，就开始谈他的稽查工作，他说他发现了不少舞弊事件。他的语气也越来越平和，后来还谈到他的孩子。临告辞时他对我说他会再考虑一下这个问题，过几天给我答复。三天后，他再来我办公室时，已经决定不征收那笔款项的税了。"

　　在这位稽查员身上表现出的正是一种最普遍的人性，他需要的是一种优越感。帕逊越是据理力争，他就越是要维护自己的权威，来保持高人一等的优越感。一旦人们承认了这类人的重要性，他们也就可以就事论事，变得和善且富有同情心。

　　林肯就曾经劝诫过一位与同事发生争执的年轻军官。林肯说："成大事者无暇计较与争论。无谓的争论伤及性情，毁坏自制力。无论是大事还是小事，待人谦恭礼让均无坏处。与其跟狗抢道，被其咬伤，不如让它先行。即使最后你杀了那只狗，你的伤口还是会痛。"

Lesson2
当众讲话"五大技巧"

1. 丰富你的语言

人们会根据我们的言谈来对我们做出判断。我们的出身、修养程度、教育水平及文化素养都会在我们的谈吐中体现出来。

正常情况下，人们会通过四件事来对我们进行评估和分类。它们分别是：我们做的事情，我们的外表，我们所说的话和我们说话的方式。有时候，为了说服听众、得到听众的支持，我们也会当众讲话。由此可见，语言对我们来说至关重要。优雅的谈吐不仅可以体现出一个人良好的修养，更能帮助人们获得事业上的成功。

一位因失业而穷困潦倒的英国人在费城找工作。他来到当地的大商人保罗·吉彭斯的办公室，要求见一见吉彭斯先生。吉彭斯先生看着这位求职者寒酸的外表，目光中充满了怀疑。

出于好奇和怜悯，吉彭斯先生答应见他。吉彭斯先生原本打算只给他几秒钟的时间，但后来，时间由几秒钟增加到几分钟，又从几分钟增加到一个小时，而谈话仍然没有结束。这次谈话的结果是：吉彭斯先生将这位陌生的失业者介绍给了狄龙出版公司费城经理罗兰·泰勒，而大商人泰勒先生又邀请这位失业者一起吃午餐，最终给了他一个很好的工作。

为什么这个外表如此潦倒不堪的陌生人可以在那么短的时间内得到

这样两位大人物的认可？他是如何做到的呢？其秘密就在于：他的英语表达能力极强。

其实，他毕业于牛津大学，为了执行一项商业任务来到美国。不幸的是，这项任务失败了，他身无分文，当地连个朋友都没有，因此被困在了美国，回不了家。但他那口纯正而漂亮的英语所散发出来的魅力掩盖了他外表的窘迫。他的语言是他进入最高级商界的通行证。

这个故事也许是个特例，但它说明了一个道理：人们会根据我们的言谈来对我们做出判断。我们的出身、修养程度、教育水平及文化素养都会在我们的谈吐中体现出来。

一天，我同一位英国来的游客聊天，他先作了一番自我介绍，然后就滔滔不绝地说起他在罗马的旅行经验。然而，不到三分钟的时间，他的词汇已经屡屡出错。这位游客穿着干净整齐的漂亮衣服，也许，为了维持自己的自尊、赢得他人的尊敬，他还特地擦亮了皮鞋。但是他却没有同时"擦亮"他的词汇，无法使自己说出准确而漂亮的句子。他试图向某位女士搭讪，说要是不脱下帽子他可能会感到很惭愧。但是对于自己用错误的语法冒犯了听者的耳朵的行为，他却丝毫不感到惭愧。这样的人所说的话，简直就是在暴露自己的弱点。他那可悲的语言能力仿佛是在向世人宣示，他是一个文化素养不高的人。

你也许会问，究竟怎样才能让我们与语言建立起亲密的关系，怎样才能使自己说话准确而漂亮？其方法并不神秘，也不是障眼法。林肯就是用这个方法取得了伟大的成就。在美国，还没有一个人可以把语言用如此美丽的形式表达出来，也没有人能够以如此具有音乐美的短句来表达自己的思想："从不去恨，爱所有人。"林肯的父母都没有什么特殊学识和技能，林肯的父亲甚至连字都不认识。如果不是父母的遗传，难道是老天特别偏爱他，所以赐予他这种禀赋吗？这种论点同样缺少证据的支持。在他被选为国会议员之后，他在华盛顿的官方记录中只用了"不完全"这个词来描述他所受的教育。

　　林肯一生中在学校里学习的时间还不到两个月，那么，到底是谁培养出了他这样精妙的语言才能呢？肯塔基森林内的小学巡回老师萨加林·伯尼、卡里伯·哈吉尔和印第安纳州的小学巡回老师亚吉尔·都赛、安德鲁·克诺福都曾做过林肯的老师。他们从一个拓荒者的屯垦区流浪到另一个屯垦区，只要有拓荒者愿意提供玉米和火腿，他们就愿意留下来教导这些拓荒者的孩子们学习"读、写、算"，但他们对林肯的帮助和启蒙都不多。而林肯的生活环境对他也没有什么帮助。

　　林肯在伊利诺伊州第八司法区所接触的那些人，包括农夫、商人、律师和诉讼当事人等，但是他们中也没有谁显示出任何特殊的语言才能。林肯实际上并没有把全部时间都浪费在这里。他能够整本背诵柏恩斯、拜伦和布朗宁的诗集，还写过一篇演讲稿，专门评论伯恩斯。在他的家里和办公室里分别放着一本拜伦的诗集。办公室里的那本，只要他一拿起来，就会自动翻到《唐璜》那一页，因为它经常被翻阅。他当选总统之后，即使内战令他筋疲力尽、憔悴不堪，他依然会抽出时间翻阅英国诗人胡德的诗集。有时，他会在半夜醒来，拿起这本诗集随手翻开，如果看到令他觉得很有启发的诗，他会立刻起床，连衣服都来不及换，就穿着睡衣和拖鞋，找到他的秘书，把自己喜欢的诗念给他可怜的秘书听。他在办公室也会时不时地抽空看看那些不知道已经看过多少遍的莎士比亚的经典著作，他对莎剧有自己独特的见解，并经常批评一些演员对莎剧的看法。

《林肯的文学修养》一书的作者罗宾逊在他的著作中这样评价林肯："他是一位通过自修获得成功的人物，他是一个天才。他很早就离开了学校，但从没有停止过研究与练习，他用这种方法来教育自己，把自己的思想用真正的文化素材包裹起来，并最终获得了成功。"

没人能忘记1863年林肯在盖茨堡发表的那篇演说，那可以称得上是人类有史以来最精彩的一次演说。那次发生在盖茨堡的大战被称作美国内战中最血腥的一次战役，共有7000人阵亡。林肯死后，著名演说家索姆曾说，人们会忘记这次战争，但是不会忘记林肯的演说，如果这次战争再度被人们想起，那最大的原因必定是人们重新唤起了深印在脑海中的对林肯这次演说的记忆。

林肯的这次演说只有短短的不到两分钟的时间，在想要给他拍照的摄影师刚把他那架原始摄影机架好、连焦距都没来得及对准时，演说就已经结束了。人们把这篇演说作为英语文字的典范，刻在一块永远不会腐烂的铜板上，陈列在牛津大学图书馆。每一个研究演说的学生都应该把它的全文背诵下来：

　　87年前，一个新的国家在这块大陆上诞生了。我们的祖先创立了这个孕育于自由中的国家，并为一切人生来平等这个原则而献身。现在，我们正在进行一场伟大的内战，以考验我们这个国家，或者任何一个跟我们拥有同样的主张和信仰的国家能否长久地存在下去。我们今天在这场内战的一个伟大的战场上聚会。我们来此的目的，是要献出这个战场的一部分，作为那些为这个国家的长久存在而付出生命的人永远的安息之所。我们这样做，是完全应该而且非常恰当的。可是，从更广泛的意义上来说，我们不能献出这块土地，因为我们无法使之神圣，使之尊严。那些曾经在这里战斗的人们，不管是活着的还是死去的，已经使这块土地神圣化了，我们的微薄之力根本不能使之增减。我们今天在这里所说的话也许不会被世界上的人们所注意，更不会被长久地记住，但是全世界将不会忘记那些英勇的战士在这块土地上所做过的事。而我们这些活着的人所应该做的，就是献身于那些曾经在此作战的人们毕生奋斗不息但尚未完成的事业。

　　我们要在此下定决心，不让他们白白地死去，我们要使这个民族在上帝的庇佑下，获得自由的新生，要使这个属于人民、由人民治理、服务于人民的政府永世长存。

人们通常认为，是林肯创造了这篇演说稿最后的那个不朽的句子，但事实并不是这样，林肯做律师时的伙伴贺恩登在几年之前曾送给林肯一本巴克尔的演说全集，书中有这样一句话："民主是由人民自己统治，所有人民一起治理，属于所有人民，服务于所有人民。"

但这句话也不是巴克尔的原创，而有可能是借自韦伯斯。因为韦伯斯曾在一封给海尼的回信中这样写道："民主政府是为人民而创立，属于所有人民，对人民负责的政府。"然而韦伯斯也有可能是借鉴自门罗总统，因为在几十年前，门罗总统曾经发表过同样的言论。那么，门罗总统又是借鉴于谁呢？

英国宗教改革家威克利夫在《圣经》英译本的前文中写道：这本《圣经》是为属于人民、由人民治理、服务于人民的政府而翻译的。而这本书比门罗的出生时间足足早了500年。而早在耶稣基督诞生的400多年前，古希腊的克莱翁就曾在一次面向雅典市民发表的演说中发表过类似的演说。而究竟克莱翁是借鉴了哪位祖先的观念，我们现在已经无从考证了。

由此可见，读书是当众讲话成功的秘诀。必须经常阅读，才能增加头脑里词汇的储存量。约翰·布莱特曾说："每当我走进图书馆，都会感到一阵悲哀：生命是如此短暂，以至于我根本无法充分享受摆在我面前的这份丰盛大宴。"在15岁那年，布莱特就告别了学校，到一家棉花厂工作。可是，他代表了他所处时代的演说家所能达到的最高成就，以擅长使用英语文字而声名远播。他喜欢阅读、研究及背诵拜伦、弥尔顿、华兹华斯、惠特尔、莎士比亚、雪莱等著名诗人的长篇诗作，并做笔记。为了增加自己的文字储存量和文学资料，每隔一段时间，他就要从头到尾看一遍《失乐园》。

2. 精彩的讲话不是死记硬背

在一生当中，我们所说的话很多都是没有经过费心修饰，完全出自自然的。人们每时每刻都在思考着，一旦水到渠成，语言就会不知不觉地倾泻而出，就像我们呼吸空气一样自然。

我们曾经强调，一定要在演讲前做好充分的准备，但这并不是说需要将演讲稿一字不落地背下来。许多演讲者为了避免演讲中头脑一片空白，在听众面前无话可讲，便进了背诵的误区。演讲时若是死记硬背讲稿，那么讲话的效果必然会大打折扣。这种心理麻醉一旦染上，就会令以后的所有演讲都变得毫无意义。

绝不用讲稿，是美国资深的新闻评论家卡腾波恩先生事业成功的秘诀。他早年在哈佛读书时，曾参加过一个演讲竞赛。他选择了一篇题为"先生们，国王"的短故事，并把它逐字背诵下来，而且还预先练习了很多次。但到了比赛现场，他说完题目"先生们，国王"之后，脑子突然一片空白，什么都不记得了。惊慌失措的他在绝望之下，开始用自己的语言讲故事。最后，卡腾波恩拿到了第一名的奖章，这让他无比吃惊。从那以后，他没有再背过任何一篇演说稿，最多只是做些笔记，然后自然地对听众发表演讲。

把要演讲的内容写出并背下来，既浪费时间和精力，又容易导致失败。在一生当中，我们所说的话很多都是没有经过费心修饰，完全出自自然的。人们每时每刻都在思考着，一旦水到渠成，语言就会不知不觉地倾泻而出，就像我们呼吸空气一样自然。

而可怜的温斯顿·丘吉尔是在失败后才体会到这一点的。丘吉尔年轻时喜欢把讲稿写出并背诵记忆。有一天，他正在英国国会上演讲，突

然，思路中断了，他的大脑一片空白。他感到极其尴尬和羞耻，他把上一个句子又重复了一遍，可依然无法想起下面的话，他的脸涨得发紫，最后，他只好沮丧地坐下了。从那天开始，他没有再背过一篇讲稿。

把讲稿逐字逐句地背下来，在面对听众时很容易因紧张而遗忘。而且，由于它不是演讲者发自内心的语言，而只是生硬地背诵记忆中的语句，讲起来会显得十分机械。我们平时在聊天的时候，都是一心想把自己要说的话说出来，并没有去过分注意修辞。这是很好的，为什么在演讲时不能这样呢？很多人扔掉讲稿之后，他们的演讲不是变得更生动，更有效果吗？也许，丢掉讲稿，会忘记自己要说的某些东西，讲起来很零散，但是，这样做却显得更有人情味。

美国总统林肯曾经说过："我讨厌听那种四平八稳、枯燥乏味的演讲。我喜欢看演讲者表现出像在跟蜜蜂搏斗一样的状态。"表现得像在跟蜜蜂搏斗，指的就是自在随意而又慷慨激昂的演讲。机械地去背诵讲稿是不可能达到这种效果的。

3. 真诚的微笑是最好的语言

斯瓦伯曾经对我说过，他的微笑值100万美金。他所暗示的，也正是这个道理。斯瓦伯能有今日的成就，首先应该归功于他的人格魅力和他为人处世的艺术。而在他的人格中，最重要的组成部分莫过于他那极富魅力的微笑。

在当众讲话的时候，保持一种良好的态度会起到令你意想不到的效果，带给你意外收获。彬彬有礼的微笑，以大方温和的语气陈述自己的观点，动作亲切而随意，都会给你的讲话加分。听者对你有了一个先入为主的好印象，自然就会接受你讲话中的要求。如果你的讲话可以给听者如沐春风的感觉，那你就已经成功了一半。相反，如果你语气生硬、表情呆板，则会让人产生厌恶的心理，从而拒绝你的要求。

现在公司里的公关部主任大多都是女士而不是先生也正是这个道理。女士漂亮温柔，笑容可掬。首先就可以给人一种很亲切的感觉，然后你只需再用温和的语气娓娓道来，就会使对方在不知不觉中连连点头，表示赞同。

中国有一句谚语：和气生财。人们总是喜欢笑容亲切的人。不管是柜台后面的笑容，还是在听众面前展露出来的笑容，都同样受欢迎。有一位演讲者，他每次出现在听众面前，总是带着一种很高兴能来到这里的气息，而且他总是微笑着，显出见到大家感到很高兴的样子。所以，听众们很快也会觉得他很亲切，在心里认可他。

相反，有些演说者却喜欢摆出一副冷淡、造作的姿态，仿佛在告诉他的听众们，他不喜欢发表这次演说。等到演说终于结束，他还要感谢上帝一番。这种态度是可以传染的，听众们在他的演讲结束后也一样会连连说："感谢上帝。"

欧弗瑞教授在《影响人类行为》一书中说："善意地对待别人，会得到别人善意的回应。"如果我们不喜欢台下的听众，那他们也不会喜欢我们。如果我们在台上显得惊慌失措、畏畏缩缩，听众们就会对我们的能力产生怀疑。如果我们讲话时，云山雾罩、大话连篇，就会引起听众们的反感，他们会用同样高傲的态度对待我们。很多时候，甚至在我们开口讲话之前，听众们就已经对我们的好坏做出判断了。所以，如果想得到听众热烈的反应，就一定要在讲话之前先确保自己有一种良好的态度。

斯瓦伯曾经对我说过，他的微笑值100万美金。他所暗示的，也正是这个道理。斯瓦伯能有今日的成就，首先应该归功于他的人格魅力和他为人处世的艺术。而在他的人格中，最重要的组成部分莫过于他那极富魅力的微笑。

我曾经向上千个商界人士建议，让他们遇人即微笑。这样保持一星期后，大家把心得和效果与班上的同学交流。其中有一位来自纽约证券交易所，名叫史达哈德的先生写来的信，他的情况极具代表性。

史达哈德在信中这样说："我结婚有18年了，这么多年来，从起床到出门上班这段时间，我太太很少看到我笑，我连话都懒得多说。

"因为你叫我以微笑一星期的效果为题发表演讲，我就尝试了一下。一天早晨梳头的时候，我从镜子里看到满面愁容、闷闷不乐的自己，就说：'皮尔，你今天要把你那张绷紧的脸松开来，你要笑对每一个人，就从现在开始。'吃早餐的时候，我满面春风，向我太太打招呼说：'亲爱的，早！'

"你曾提醒过我，她或许会很惊讶，但实际上她的反应超出你的预料。当时她迷惑了，愣在那里。我当然明白，那是因为她太意外、太高兴了，那是我太太一直希望的氛围。是的，两个多月来，我每天早晨都那样做，而我的家庭所得到的快乐比以往任何时候都要多。

"现在我去办公室，会对电梯员微笑并道早安，对门卫也以微笑招呼。去柜台换零钱时，面对里面的伙计，我脸上也带着笑容。即使在交易所，对那些素昧平生的人，我对他们也都笑脸相迎。

"就这样过了没多久，我发现大家对我也都还以真诚的微笑。对那些常常怨声载道的人，我也以关心的态度听他们诉苦。无形中，他们认为烦忧的事，也变得容易解决了。微笑真的给我带来了财富，而且很多很多。

"我和另一个经纪人合用一间办公室。他的职员中有一个很受人欢迎的年轻人，那个年轻人渐渐对我有了好感。我对他讲了我最近所学到的为人处世的法则，并表示我对效果非常满意。而那个年轻人这样告诉我，他初来时，曾认为我是一个脾气很坏、闷闷不乐的人，而最近他对我的看法已彻底改变。他说：'你笑的时候，很有人情味！'

"我还把批评、斥责的话换成了赞赏和鼓励。我不再总是强调我要什么、我要怎样，而是尽量从别人的立场考虑事情，去接受别人的观点。这一切，使我原有的生活彻底改变。现在，我和过去完全不同。我成了一个比过去更快乐、更富有的人。"

最后，别忘了这封信出自一位饱经世故、聪明绝顶的股票经纪人之手。他在纽约证券交易所买卖证券，绝非泛泛之辈——要知道，这种工作100个人去尝试，可能会有99个人失败。

4. 肢体语言的运用

每个人都应该有专属于自己的手势，就像牙刷一样，只限于他个人使用。人和人之间本来就存在着很大的差异，只要能够顺其自然，每个人的手势都会是各不相同的。

一站起来就急急忙忙开口讲话，是业余演说家的通病。专业的演说家在准备演讲之前，通常都会先深呼吸一口气，让自己平静下来，再花几分钟时间静静地望着听众，直到他们全都安静下来，把注意力集中在你的身上。

很多人不知道在演讲时双手要如何摆放。其实并不需要刻意去注意它们，最理想的状态就是让它们在身体两侧自然下垂。但如果你觉得自己的双手特别不自在，仿佛那不是你的手，而是一大串香蕉，就会引人注意。

不会有人注意到轻松地垂在身体两侧的手，即便是最挑剔的人也无法挑出这种姿势的毛病。而且，这种姿势的好处还在于，你的双手随时都可以不受任何妨碍地摆出各种你所需要的强调性的手势。

几乎所有关于演讲姿势的书都是浪费纸张和油墨。从那些书上学来的任何姿势几乎都是毫无用处的，想学会有用的姿势，就得自己去揣摩、研究，从自己的内心去发掘，从自己在这方面的兴趣中去培养。不过，自己天生就会的手势是最宝贵的。我们常说，一吨的规则也不如一盎司的本能有价值。

每个人都应该有专属于自己的手势，就像牙刷一样，只限于他个人使用。人和人之间本来就存在着很大的差异，只要能够顺其自然，每个人的手势都会是各不相同的。

每个人的形象、气质都有很大的不同，不应该刻意去学习别人的手势。假如身材修长、动作笨拙、思想缓慢的林肯和语速快、急脾气的道格拉斯使用完全相同的手势做演讲，那情景简直不可想象。

贺恩登是林肯做律师时的同事，后来又替林肯写过传记。他在提到林肯时，这样说道："林肯在演讲时喜欢用脑袋做姿势。尤其是当他想要强调某种意思时，经常会用力地把脑袋甩来甩去，这样做的效果很好。如果这个动作突然停顿，那效果简直就像易燃物沾到了火星，立刻就会燃烧起来。林肯不会像别的演说者那样使劲儿挥舞着胳膊，仿佛在跟空气作战，也不会刻意去追求舞台效果……他的动作会随着演讲的进行而越来越闲适自如，并最终达到完美的程度。他厌恶虚荣、炫耀、造作和虚伪，完全的自然和鲜明的特点令他显得尊严而高贵……有时他也会用他瘦长的右手做出强调的手势，以加深听众对他的观点的印象。为了表示喜悦与欢乐，他会把双手以50度角分开，掌心向上，高高举起，好像在拥抱那种他所崇尚的精神。为了表示厌恶，比如在谴责奴隶制度的时候，他会高举握紧的双拳，显示出一种要把他痛恨的东西拉下来，扔在地上践踏的决心。他从不两只脚一前一后地站立，也不会依靠其他东西来支撑自己的身体。在演说时，他的姿势与态度很少变化。他不会在讲台上走来走去，也不会大声喊叫。有时，他会用左手抓住外衣的衣领，以使自己的手臂更加轻松，同时他可以用不受任何束缚的右手做出各种手势。他的这一姿态被著名的雕塑家高登斯雕成塑像，放在芝加哥的林肯公园供人瞻仰。"

这是林肯的演说方式。与他相比，罗斯福显得更积极、更慷慨激昂。在演讲时，他的面容因为充满激情而显得活力四射，他的整个身体都被他用做表达感情的工具。政治家布莱安在演讲时经常伸出一只手，掌心向上。葛雷史东在演讲时经常猛烈地拍桌子或用力地跺脚，发出很大的声音。罗斯伯利演讲时则喜欢把右臂高高举起，然后猛然向下一劈。对于一个思想与信念具有相当的力量的演讲者来说，这些姿势和动作可以使他显得强而有力，轻易地令听众产生共鸣。

不要总是反复使用同一种手势，那会给人枯燥单调的感觉。另外，还有一个经常被忽略但却很严重的错误，就是手势结束得太快。演讲时，如果你想用食指强调一个想法，就必须在整个句子中都维持这个手势，否则就会使本来不重要的东西显得仿佛很重要，无法突出真正的要点。

为了能够在当众演说时自然而然地做出手势，可以在练习时强迫自己做出手势。在强迫自己这样做的时候，你会感到非常清醒和刺激，不久，你的手势将会自发地流露出来。

在演讲时，有一点你一定要注意，就是千万不要摆弄你的衣服或首饰。这样做会使听众的注意力分散，也会显得自己懦弱且缺乏自我控制力。如果你没有任何动作，听众的注意力就不会集中在你身上，但如果你的动作不能增加你演说的分量，就会减弱听众对你的注意力。所以，你一定要以一种平静的状态站着或坐着，控制自己的身体，显出心理控制力强、泰然自若的样子。

5. 掌握机智的语言应变技巧

自嘲就是自我嘲弄，表面看来是嘲弄自己，实际上是醉翁之意不在酒，其背后别有深意。

我们常常会在当众讲话时碰到一些意外，或者是自己一不小心说错了话，或者是听众的反应自己始料未及，又或者是由于环境的改变，出现了我们事先没有料到的因素。这些突如其来的变故，经常令我们措手不及，狼狈不堪。这个时候，就需要我们用冷静机智的语言将各种猝不及防的状况一一化解，以免陷入进退维谷的窘境。

所以，机智的语言应变技巧，对于一个演说家来说，是极其重要的。它可以巧妙地把人从困窘的境地中解脱出来，使讲话得以顺利地进行下去。这种语言技巧包括自嘲、幽默等多种方法。

自嘲就是自我嘲弄，表面看来是嘲弄自己，实际上是醉翁之意不在酒，其背后别有深意。自嘲是语言应变技巧的重要内容之一，在交谈中具有奇妙的表达作用和特殊使用价值。

例如，别人有事求你而你不想答应，但如果直言拒绝，就会令他人难堪。这时，你就可以运用自嘲的方法，委婉地表达拒绝的意思，不至于令对方感到难堪。

林肯曾在某个报纸编辑大会上讲话，说自己不适合出席这次活动，因为他不是一个编辑。他给大家讲了一个小故事来说明自己的理由：

"我曾经在森林里遇见一个女人，她骑着马。我停下来为她让路，可是她却停下来盯着我的脸看，并对我说：'我相信，在我见过的人中，你是最丑的一个。'我说：'也许你说得对，但我也没办法啊！'她说：'生成这副难看的样子的确不是你的错，但你可以待在家里不要出门啊！'"

林肯的幽默使大家哑然失笑。

再比如，如果对方在讲话中有意无意地冒犯了你，让你进退两难，非常尴尬，你也可以利用自嘲来摆脱窘境。

在20世纪50年代初期，杜鲁门总统有一次会见以傲慢而闻名的麦克阿瑟将军。会见正在进行的时候，麦克阿瑟拿出烟斗，把烟丝装好，叼在嘴里，当一切准备就绪，他准备点火时才对杜鲁门说："你不介意我抽烟吧？"

很明显，在他已经做好一切抽烟的准备之后，这句征求意见的话不过是走个过场而已。如果杜鲁门回答说介意，就会显得粗鲁和霸道。麦克阿瑟这种傲慢的举动使杜鲁门很难堪。但是，杜鲁门总统很聪明，他看了一眼麦克阿瑟将军，自嘲地说："请便吧，将军，反正喷在我脸上的烟雾已经比喷在任何一个美国人脸上的烟雾都要多得多了。"

由此，我们可以看出，自嘲可以帮助你以自我排解的方式在难堪的情况下保护自己的自尊心，并能体现出你的宽容大度。

但是，运用自嘲的技巧时，也要审时度势，不能随便滥用。因为如果自嘲运用得当，会使讲话更加精彩，但如果运用得不妥，反而会令听者反感，不利于双方的沟通。例如，在对话答辩、座谈讨论、调查访问等场合中，就不宜使用自嘲的方法。另外，在自嘲的时候，也不宜使自己的态度显得玩世不恭。

同自嘲一样，幽默也是一种高级的智力活动，它能够缓解矛盾，使人们之间的关系变得更加和谐融洽。人们在日常生活中，难免会发生一些大大小小的摩擦，有时甚至会令气氛剑拔弩张。在这个时候，开个小小的玩笑，幽默一下，也许就可以缓解紧张的气氛，使事情不致发展到不可收拾的地步。

有一次，曼德拉出席一个南非的首脑会议，领取"卡马勋章"。

曼德拉在授勋时，发表了精彩的演说。讲话一开始，曼德拉就十分幽默，他说："我这个已经退休的老头，今天站在这个专门为总统而设立的讲台上讲话，抢我们总统姆贝基的风头，我想他一定很生气。"这句话刚说完，就引起满堂的笑声。

笑声过后，曼德拉开始正式发言。当演讲进行到一半的时候，发生了一件意外的事：曼德拉弄乱了讲稿的次序，他只得把讲稿翻过来看。这原本是一件极尴尬的事，曼德拉却不以为然，他一边翻着讲稿一边幽默地说："你们得原谅我这个老头，虽然我把讲稿的次序弄乱了，但我至少能意识到自己的错误并及时改正。据我所知，在座的一位总统有一次在发言时也把讲稿的次序弄乱了，但他却并不知道，还在继续照着稿子念，我总比他强多了。"会场里立刻笑声一片。

演讲结束前，他又幽默了一下，说："感谢你们把以博茨瓦纳开国总统卡马的名字命名的勋章授予我。什么时候我缺钱花了，我就把这个勋章拿出去卖，一定可以卖个好价钱，因为我知道我们的总统姆贝基一定会花高价来购买它的。"听了这句话，就连姆贝基自己也情不自禁地笑出声来，连连鼓掌，会场里响起了热烈的掌声。

幽默就是如此的有魅力，它可以拉近演讲者和听众之间的心理距离，揭开披在伟人身上的神秘面纱，显示出曼德拉高人一等的演讲智慧。

幽默是人类独有的特质。一个幽默的人，能够给朋友带来无穷的欢乐，并且在人际交往中独具魅力，因而备受欢迎。有些人天生就浑身充满了幽默细胞，但并不是说没有这种禀赋的人，就会一辈子刻板严肃。幽默感是可以训练培养的。

身为美国新闻广播协会会长的夫人，汉斯·卡夫波是一位能干、有策略的女人。她在接受我的采访时曾说："我的第六感非常强烈，我知道如何巧妙地应对公共场合的突发事件。"我就见识过她的这种能力。

卡夫波先生是个极受欢迎的公众人物。每次演讲结束后，都会被人群包围。许多人想跟他握手，想挤上前台跟他交谈。这样的状况让卡夫波先生极为疲劳，最重要的是有损健康。每当这时，卡夫波夫人就会提出几个借口为先生解围，譬如说"我们的车子还在外头"或"我们赶不及另外一个约会了。"，等等。有一次演讲后，卡夫波先生就被包围了。卡夫波夫人知道如果不想办法，丈夫就支撑不住了，于是她站起来说道："对不起，我有个问题。请问卡夫波先生什么时候可以回家吃午饭？"大家被卡夫波夫人的幽默感染了，卡夫波先生得以顺利脱身。

需要注意的是，任何机智应变的语言技巧的运用，都是有一定限度的。因此，我们不能过于随意，给人漫无边际之感，也不能与通行的做法和惯例相距太远，否则，会被人认为没有诚意。

Lesson3
吸引听众的注意力

1. 抓住最初的30秒

在开始演讲前，不妨先问自己这样一个问题：我的演讲是不是一开始就能激起听众的兴趣，使他们能够集中精神听我说话？

如果拥有一个良好的开端，你就已经成功了一半。只有令人愉快的开场白，才能让你的讲话能够顺利进行下去。所以，演讲能否得以深入下去，关键就在于，最初的30秒你能否吸引听众的注意力。

鲍威尔·希利先生一次在费城的演说中，使用了这样的方法：

82年前，同样是在这个季节，一本注定要永垂不朽的小书在伦敦出版了。它被许多人奉为"举世最伟大的小书"。这本书刚刚出版时，大街上到处都可以听到偶然遇见的朋友们在互相发问和回答："你读过那本书吗？""没错，我读过了，愿上帝保佑它。"它出版当天就卖出了1000本，不到两个星期，需求量便蹿升到了1.5万本。从那以后，这本书又被再版了无数次，并被翻译成多种文字在全世界广泛流传。几年之前，这本书的原稿被摩根高价收购，现在它与许多无价之宝一起被珍藏在瑰丽庄严的艺术馆中。这本著名的书到底是什么呢？

你是否对此很感兴趣？你是否急于知道答案？你的注意力是否已经

被鲍威尔·希利牢牢地吸引住了？为什么这段开场白能够抓住你的注意力，并让你随着演讲的进展而越来越感兴趣？

因为它悬疑的气氛勾起了你的好奇心。

也许现在你已经迫不及待地想问，作者是谁？这是本什么书？为了满足你的好奇心，我现在就来公布答案：这本书就是查尔斯·狄更斯的著作——《圣诞欢歌》。

所以，如果你能在讲话的前30秒内引起听众的好奇心，他们就会被你的讲话吸引，全神贯注地聆听。在这种情况下，你一定会产生更好的观点，也会更有使别人信服你观点的信心。

艾力克·钟斯顿在担任美国商会会长和电影协会会长期间，他的每一场演讲几乎都使用了这种技巧。下面让我们来看看他是如何在俄克拉

荷马大学的毕业典礼上利用最初的30秒来引起听众兴趣的吧！

　　在座的俄克拉荷马人，对于各类危言耸听的话语都不会感到陌生。你们不费吹灰之力就可以记起来，那些散布危言的贩子们习惯于将俄克拉荷马州列于书本之外，认为它是永远绝望的冒险。1930年，很多绝望的乌鸦对其他乌鸦说："除非自己携带了足够的粮食，否则最好离俄克拉荷马州远一点儿。"他们认为俄克拉荷马州将成为永恒不变的新美洲沙漠的一部分，永远也不会再有东西开花结果。但是，十年之后，这里却成了美洲的花园地带和人们举杯祝颂的对象。因为，在这个地方，人们又一次看到了散发着清香的麦田像波浪一样地起伏。又过了短短的十年，信仰坚定的人们通过有计划的冒险已使高高的玉米长茎覆盖了这个常年干旱的地带……因此，我发现，当我们在观望自己的时代时，总是带着美好的希望，向往更好的远景。来访前，我特地去翻阅了档案里的1901年春天的《俄克拉荷马日报》，想知道50年前在这里生活是什么滋味。猜猜我发现了什么？我发现俄克拉荷马人都十分重视这块土地未来的发展，并对它的前景满怀信心。

　　这就是一个在演讲的前30秒抓住听众兴趣的绝佳例子。艾力克·钟斯顿所讲述的事例，来自于听众真实的生活经历，这使听众感觉到，这次演讲是特地为他们准备的，其内容跟他们的生活有关，他们就会对演讲感兴趣，愿意去聆听演讲者的讲话。

在开始演讲前，不妨先问自己这样一个问题：我的演讲是不是一开始就能激起听众的兴趣，使他们能够集中精神听我说话？下面的两个例子也许会对你有所启发。假如你是一个会计师，你可以这样开始你的讲话："现在我将要教你们省下50至100元退税的方法。"如果你是律师，你可以把教大家如何预立遗嘱作为演讲的开场白，这一定会为你赢得许多兴致勃勃的听众。当然，在你后面的演讲中，必定有某个从你个人丰富的知识储备里找出的题目，真正对听众有益。

2. 谈论对方感兴趣的话题

他认为，一定要让听众觉得他的演讲不是机械和枯燥的，而是专门为他们量身定做的。

许多人明明非常健谈，却也无法成为当众讲话的高手，原因就是这些人只会讲自己感兴趣的事，而没有考虑到听众的兴趣。对于听众来说，如果演讲者所讲的事情与他们所关心的事情毫不相干，他们就会对演讲者的讲话失去兴趣，至于演讲者的意图，他们就更不会去在意了。一个高明的演讲者不应该犯这样的错误。

每年夏天，我都会到梅恩州钓鱼。就我自己而言，杨梅和牛奶是我的最爱。可真搞不懂为什么，我发现鱼爱吃的只是小虫而已。所以每回钓鱼，我想的都不是我想要什么，而是琢磨它们要什么。杨梅和牛奶自然就派不上用场了，一条小虫或是一只蚱蜢则成了最好的诱饵，我把它们挂到钓钩上，对鱼儿说："都来吃点儿，怎么样？"

我们为何不如法炮制，当众讲话时先抓住对方的兴趣呢？在谈话中，首先要引导别人去谈论他所感兴趣的事。如果对方是个男人，谈谈他的事业和成就；如果是位母亲，则可以同她谈谈她的孩子们。这时，你只需专注地聆听就可以令他们感到很愉快。这样，即使你没说几句话，也会被别人当作很好的聊天对象。

《如何寻找自己》是罗索·康威尔的一个非常著名的演讲，他曾就这个题目反复发表过近6000次的讲话。很多人认为，重复了那么多次的演讲已经不会再有多少新意了，听众也不再会对这个话题感兴趣。但事实并不是这样的，康威尔博士知道，每一次演讲，听众的层次与背景都各不相同。他认为，一定要让听众觉得他的演讲不是机械和枯燥的，而是专门为他们量身定做的。他是怎样在每一场演讲中，成功地在演讲者、讲演与听众三者之间，巧妙地维持一种活泼而愉快的关系的呢？

他自己为我们解答了这个问题，他写道："当我受邀去某个城市或某个小镇访问时，我总会想办法提前到达，去拜访那里的邮政局长、旅馆经理、学校校长、牧师等人，找时间同当地人交流，了解当地的历史文化背景和那里的人们拥有的发展机遇。之后，我会根据这些题材，发表适用于他们的演说。"像康威尔博士这样，就能引起听众的兴趣，达到演说者所期望的效果。

康威尔博士相信，想要取得演讲的成功，应该使听众成为演讲的一部分，也要让演讲成为听众的一部分。这就是为什么人们找不到《如何寻找自己》这个最受欢迎演讲的真正演讲词。根据听众的兴趣来演讲的好处就在于，既可以吸引听众的注意力，又可以令自己快速进入演讲的状态。康威尔博士就做到了这一点。他经常会在演讲中穿插一些当地人的谈话和实例。由于讲话的内容与听众的生活、兴趣和困扰有关，他就可以与听众之间建立一种联系，吸引听众的注意力，保证双方可以畅通无阻地交流。

我的训练班上有一位来自费城的哈罗德·杜怀特先生。他成功地在一次上课时举行的宴会上发表了演说，餐桌边的每个人他都谈到了，他把现在的他和开课之初的他做了一番比较，指出自己获得了多少进步。他谈到同学们所做过的演讲和大家曾一起探讨过的题目，他还夸张地模仿一些同学在演讲时的样子，把大家逗得哄堂大笑。杜怀特先生真正知道如何当众讲话。他所选择谈论的事情正是演讲最理想的题材，没有任何其他题目能令围坐在一起的这群人更感兴趣，以这个题材作为演讲内容，他是一定会获得成功的。

罗斯福总统学识渊博，能熟练驾驭各种讲话技巧。但凡去牡蛎湾拜访过罗斯福的人，无不赞叹他的渊博学识。勃莱福特曾说过："不管是牧童还是骑士，政客或是外交家，与他们任何一个人谈话时，罗斯福都有话题可聊。"如何能做到这些呢？显然，在客人来访之前罗斯福就已把对方喜欢谈论的话题和特别感兴趣的事了解清楚并做过充分的准备。罗斯福具有领袖才干，懂得沟通技巧，知道最使对方难忘的谈话莫过于谈论他所熟知的事情。

耶鲁大学文学院前任教授费尔浦司在少年时代便已知晓这个道理，

他曾说："8岁时的一个周六，我去姑妈家度假，有位中年人那晚也去了姑妈家。寒暄后，他把注意力转到我身上。我那时正痴迷于帆船的方方面面，而和那个客人谈到帆船的话题时，他好像也很感兴趣，我们谈得非常投机，而那次的谈话至今令我记忆犹新。后来我还对姑妈说，这人对帆船也很关注，真不错。姑妈说那人是律师，按说他对帆船不会有兴趣的。我说：'那他始终都在围绕帆船的事情跟我聊啊！'姑妈告诉我说：'他是一位有修养的绅士，为了受到欢迎自然会迎合你感兴趣的话题，陪你聊帆船就是如此。'"费尔浦司教授又说，"姑妈的话我记忆犹新，永远不会忘记。"

3. 使讲话具体化

如今，人们的生活节奏越来越快，为了适应这种变化，演讲者应尽量使自己的讲话具体化。听众是由忙碌的人们组成的，他们习惯了新闻媒体的报道方式，不费吹灰之力便能从中获得事实。同样，他们也希望演讲者能够省去冗长的铺垫，坦率直接地说出自己的论点。

通常，没有听众愿意长时间忍受抽象式的讲话。举例说明的方法更容易获得他们的青睐，使他们信服。那么，为什么演讲者不在讲话刚开始时，就用举例说明的方法，使讲话具体化呢？事实上，有很多著名的演说家正是这样做的。但遗憾的是，并不是所有演说者都明白这个道理。

在第一次世界大战期间，一个著名的主教来到军队里，向一支正要前往战场的军队发表演说，而在这支军队中，只有少数一部分人知道自己为什么要到前方去打仗。这位主教在讲话中大谈特谈"国际亲善"以及"塞尔维亚在太阳下有权占一席之地"，等等。但在这支军队里有一半以上的人压根儿就不知道塞尔维亚究竟是一个城镇的名字还是一个疾病的名称。在我看来，他倒不如对精深的"星云学说"发表一篇颂辞，反正大家都是一样听不懂的。不过在他演讲时倒是没有一个人跑掉，原因是宪兵守住了每个出口，防止他们开溜。

我不想贬损这位主教，他是一位名副其实的学者。他的演讲，如果面对的是一群宗教人士，很可能声势夺人，但在这些军人面前却全军覆没了。原因何在？就是因为这位主教不了解自己的听众，也不了解自己演讲的目的，更不用说如何达成了。简单来说，他演讲失败的原因就是他没有使自己的演讲具体化。

那么，演讲究竟要达到怎样的目的呢？怎么才能使演讲具体化呢？下面的这个例子可以为我们解答以上的问题。一个美国国会议员曾因为企图在纽约马戏场做说明性的演讲而被观众哄下台。他试图告诉听众，美国正在如何备战。然而，他的听众想要的是娱乐以及演讲者发自内心的讲话，他们可不愿意坐在那里接受教育。他们出于礼貌不得不耐着性子听了15分钟，希望他的演讲快点儿结束。可是他偏偏不明白这一点，还在那里喋喋不休，唠叨个没完。人们终于忍无可忍了，有人喝起了倒彩，紧接着就有一大批人响应，刹那间，成千上万的口哨声此起彼伏，人们开始吼叫起来。可是这位议员竟然还没有察觉，依然执着地继续着自己的演讲。这下他把听众彻底惹火了，于是，一场混战开始了。怒气冲天的观众发出狂躁的抗议声，高喊着让他安静下来，最后，他的话语淹没在观众们愤怒的吼声中，他不得不羞辱难当地放弃演讲退下了。

如果这位议员在讲话之前能稍微考虑一下自己讲话的具体目的是否符合自己的听众来参加这次集会的目的，他也不会失败得如此彻底。因此，我们要借鉴他的失败经历，使自己讲话的内容具体化，并确定自己讲话的目的与听众和场合相适应。

有没有什么方法能够使我们讲话的目的与内容具体化，令我们有机会击中听众的内心呢？答案是肯定的。这个方法是：在演讲之初，就举例向观众说明你想要传达给观众的具体理念；然后，以清晰的语言详细地向观众介绍你的论点；最后，重点强调一下理由，也就是告诉听众，按照你所说的去做对他们会有怎样的益处。

如今，人们的生活节奏越来越快，为了适应这种变化，演讲者应尽量使自己的讲话具体化。听众是由忙碌的人们组成的，他们习惯了新闻媒体的报道方式，不费吹灰之力便能从中获得事实。同样，他们也希望演讲者能够省去冗长的铺垫，坦率直接地说出自己的论点。他们常年接触的都是麦迪逊街广告那样的环境，那里的招牌、电视节目、杂志和报纸都是经过字斟句酌，没有半点儿浪费，他们已经养成了不愿意拐弯抹角获得事实的习惯。

这个方法可以帮助你抓住听众，并且可以帮助你将焦点直接对准自己讲话中的重点，避免说出："我没有时间把这场演讲准备得很好，"或"你们的主席请我谈论这个题目时，我在想，为何他要挑选我。"一类冗长无趣的开场白。没有听众会对道歉或辩解感兴趣，无论真假。他们想要的是对他们的行动有所帮助的具体而实在的演讲。

这个方法对于简短谈话来说，也非常理想。其中的悬疑色彩会使你的听众被你的故事所吸引，过了两三分钟之后才知道你演讲的重点所在。要是希望听众按你所说的去做，更是非得使用这一招不可。例如，演讲者想让听众为了某件事掏钱，如果他这样说："女士们，先生们，我今天来此的目的是向各位收取五元钱。"不但没人会拿钱出来，人们还会争先恐后地走掉。可是，如果演讲者从自己探访"儿童医院"的一次经历说起，讲述那些因缺乏经济援助而无法继续治疗的幼童在偏远的医院里的故事，必定会赢得许多同情的眼泪，获得听众支持的概率就会大大增加。这些具体的故事和实例会为你所期望达到的目的铺路。

我们再来看一下列兰·史多又是如何做到让观众为了支持联合国儿童救援行动而慷慨解囊的：

我祈祷这是我最后一次这样做，我希望悲惨的事不再发生。

还有比一个孩子和死亡之间只差一颗花生更凄惨的事吗？我也希望各位可以永远不必经历我所经历过的事，这样，你们就可以不必像我一样在事后永远无法走出在这悲惨记忆中的阴影。如果一

月里的那一天，你曾在雅典被炸弹炸得千疮百孔的工人区里听见他们的声音，看见他们的眼神……成群的衣衫褴褛的孩子把我紧紧包围，疯狂地把他们的小手伸向我，大批怀抱着婴儿的母亲在推挤争抢……我看见那些被举向我的婴儿瘦得皮包骨头的小手在可怜地抽搐着。可是我所能给他们的，就只是半磅重的一罐花生，我只能尽我的全力使每一颗花生都发挥最大的作用。

我差点儿被拥挤的人群撞得跌倒在地。在我眼前，到处都是瘦小得可怜的手，带着乞求，带着绝望。我把花生一颗一颗分给他们，这里一颗，那里一颗。几百双手乞求着，几百双眼睛满怀希望地望着我。我无力地站在那里，手里拿着空空如也的蓝色罐头盒……天哪，我真心祈祷这种情形永远不会在你们身上发生。

要使演讲具体化，该如何去做呢？下面是我总结出的几点经验。

第一，要从个人的实际经验中举例子。如果你能够根据曾对你的生活造成戏剧性冲击力的某一事情举例子，那效果会格外好。也许事情从发生到结束不过短短几秒钟的时间，但就是那一刹那发生的事，令你对人生的态度从此改变。有人曾在我的训练班上讲述了自己在一次翻船事故中，想从倾覆的船边游上岸去的事情。听了他的遭遇后，每位听众都决定，如果类似的情况发生在他们身上，一定要遵从这位演讲者的忠告，留在倾覆的船边，直到救援的到来。说服性演说的第一要件就是一次令你受到教训并且永生不忘的个人经验。这种事件可以打动听众，使他们按你的说法行动。每一位听众都会理所当然地认为，这件事既然能发生在你身上，就有可能发生在他们身上，假如一旦遭遇类似的情况，最好是听从你的劝告，按你说的做。

第二，在讲述自己的经验时，务必要把自己的经验与教训生动地在听众面前再现出来，使听众觉得自己得到了具体的收获。在叙述时越是尽可能多地加入动作和激奋的情感，听众的印象就会越深刻。演讲者如果不能以再创造的灼热感情来讲述自己的经历，即使情节再细致入微，也是疲软无力的。如果你要描述一场火灾，就尽可能把消防队员与火焰搏斗的场景和群众感受到的焦灼、紧张的感觉添枝加叶地描绘给你的听众吧！如果你要讲述自己在水中拼命挣扎、惊恐万状的情景，就把你在那一可怕的时刻感受到的绝望绘声绘色地描绘给你的听众吧！举例子是使演讲具体化的方式之一，这样能使听众明白你要他们做的事到底是什么。

最后，如果演讲的内容对听众来说很陌生，就要尽量用听众所熟悉的事物来讲述。在演讲中，常常会有这样的情况，也许你辛辛苦苦地讲了半天，累得满头大汗，还是无法让听众弄懂你的意思。你自己对这件事非常清楚，但是必须做更深入的解释才能使你的听众明白。这时你该怎么办呢？你可以试着把它与听众所熟悉的事物做个比较，说出它们的共同点，用听众熟悉的事物来做深入的解释。科学家们可以用一大堆数字来解答关于月亮或最近的星星离我们有多远的问题，但普通的听众根本无法弄明白。

詹姆·金恩斯爵士就很懂得如何将演讲具体化。他是著名的数学家，在数学方面造诣颇深，他知道，只要偶尔在自己的演讲中加上几个数字，效果就会相当好。在《我们周围的宇宙》一书中，他写道，即使是距我们最近的一颗恒星，也跟我们有25万亿千米以上的距离。为了使这个概念更加具体，他又举了个例子，假如一个人以每秒18.6万千米的速度从地球上起飞，要等到四年零三个月后，他才能到达这颗恒星。

4. 生动形象地说明问题

"白得像雪"这个词固然很形象，但对于居住在热带地区、从没见过雪的人们来说，"白得像椰子肉"更加形象。

身处这样一个注重视觉刺激的时代，我们常常发现，单是把道理说明白远远没有说服力。道理的演绎需要生动、形象的语言，只有这种语言才会有感染力。正如电影制作人和电台为了吸引观众眼球所做的那样，我们也要那样做才能吸引听众，引起别人的注意。

有一位牧师在非洲给当地的土著居民传道。一次，这位牧师讲到了《圣经》中的一句话："虽然你们的罪恶是像血一样的深红，但也可以变成像雪一样的洁白。"念到这里，他突然顿住了，心想，这些土著居民常年生活在热带地区，从来也没见过雪，又怎么会知道雪的样子和颜色呢？他们经常吃的椰子肉倒是白色的，我不如就用椰子肉来代替雪吧！于是，牧师将这句改后的话念了出来："虽然你们的罪恶是像血一样的深红，但也可以变成像椰子肉一样的洁白。"

"白得像雪"这个词固然很形象，但对于居住在热带地区、从没见过雪的人们来说，"白得像椰子肉"更加形象。这位牧师聪明地将他所要表达的信息用当地居民所熟悉的事物巧妙地传达给了他们，比原封不动照搬《圣经》上的原话，效果要好得多。

这个故事教会了我们一个道理：我们在讲话时，注意使用形象性的语言，可以将我们所要说明的信息更有效地传达出去。

比如，在我的训练班有一个学生，他对公路上的车祸的描述可以让任何一个人深刻地认识到车祸的可怕："现在你开车从纽约前往洛杉矶，假设你一路上见到的每一个路标其实都是一口立在土中的棺材，每口棺材里面都装着一名去年在车祸中死于非命的人的尸体，他们每千米竖立12个路标，也就是说，当你开着车在公路上飞驰，每隔五秒钟，你就能见到这样的一口阴森恐怖的棺材！"

又比如，如果要你向一群家庭主妇解释冰箱必须除霜的原因，你打算怎么说呢？

"冰箱里的蒸发器把热气从冰箱内部吸出来，冰箱才能制冷。蒸发器在吸热的时候，随着出来的湿气就会附着在蒸发器上，结成厚厚的一层霜，使蒸发器绝热。于是，逐渐增厚的霜层就迫使马达频繁地发动，来补偿霜层所形成的绝热。"

如果你是这么说的，那就大错特错了。对于家庭主妇来说，如此专业的解释她们很难理解。但如果用家庭主妇所熟悉的东西来向她们解释，就容易得多了。你可以这样说：

"就像我们都知道肉放在冰箱的哪个位置一样，我们也都知道霜是如何在冰冻器上凝结的。冰冻器上的这层霜就像我们睡觉时盖的毯子，或者墙与墙之间的石棉，会阻碍冰冻器吸走冰箱中其余部分的热气。当霜厚到一定的程度，就会影响冰箱的正常运转。这时，为了保持冰箱的冷冻效果，就必须除霜，因而马达就必须更加频繁和长久地开动。但如果在冰箱里装上一个自动除霜器，霜就永远都无法结厚，相应的，马达运转的次数和时间也会减少。"

这种方法在商业性质的会谈和谈判中也经常被使用，且每次都能收到很好的效果。

　　《美国周刊》的波恩顿准备做一个长篇市场报告，是给一家顶级品牌的润肤霜做详细的调查研究。经过调查研究，伯恩顿发现，其他润肤霜的生产厂商，马上要开始打价格战了……这一事实，他必须向该厂的

经理说明。

波恩顿先生向我们讲述了他向经理说明这件事的经过：

"第一次我进去，由于我的方法不对，我和经理没说多久，话题就转到讨论调查的方法上了。对方争辩，我也跟他理论。他说错在我，我也挖空心思证明我没有错。虽然最终我占了上风，心里很得意，但会谈都结束了，我此行的目的还没有达到。

"第二次，我改变了策略，把那些数字和理论资料抛在一边，而是用更形象的方法展现事实。我到他的办公室时，他正在和别人通电话。等他挂掉电话后，我立刻从包里拿出32瓶润肤霜摆到他桌上。他一眼就能看出，这些都是竞争对手们的产品。我在每瓶润肤霜上都贴了纸条，调查的结果就在上面。这样，每一瓶的情况都一目了然。结果怎样呢？他拿起一瓶又一瓶润肤霜耐心地看纸条上的说明。之后，他友好地跟我谈这件事情，气氛非常融洽。他兴趣十足地又问了我不少问题。本来他给我的时间只有10分钟，但事实上过了一个钟头以后，他的兴致依然不减。

"我的调查结果其实并没有什么变化，唯一不同的是这次我把事实用形象化的方式演示出来，但结果却大相径庭。"

5. 巧用代词，拉近与听众的距离

代词"你"的运用，使演讲者与听众的距离近了许多，让听众参与到他所描绘的图画中来，进而保持了他们长久不衰的听讲热情。

有什么办法可以拉近演讲者与听众的距离，使听众始终能够以饱满的热情聆听演讲者的讲话呢？方法很简单，那就是——不要用代词"他们"，要用"你"或者"我们"。这种方法能够让听众始终感觉自己不是一个旁观者，而是其中的参与者。这一点对于演讲者来说非常重要。

下面的几段话，摘录自训练班里的一名学员所做的一次演讲，题为《硫酸》：

液体一般都是以品脱、夸脱、加仑或桶等来作为计量单位。我们常说，几夸脱酒，几加仑牛奶，几桶蜂蜜。如果某处新发现了一口油井，我们会说，它的产油量是每天几桶。但是，还有一种特殊的液体，是以吨来作为计量单位的，因为它的生产量和消耗量都大得惊人，无法用品脱、夸脱、加仑或桶等来计算。这种液体就是硫酸。

硫酸关系到我们日常生活的方方面面。假如没有硫酸，我们将不得不像我们的祖先那样驾马车或骑马，因为它是提炼汽油时必不可少的东西。假如没有硫酸，人类就不会有赖以照明的电灯，任何与灯光有关的事物也都只是浪漫的想象。

清晨起床，你需要放水洗澡。别以为这与硫酸无关，你转动的镍质水龙头在制造过程中少不了硫酸的参与。而且，你的搪瓷浴缸在制造时，也必须使用硫酸。而油加上硫酸处理后就制成了你可能正在使用的肥皂……你的毛巾在接触你之前就已经先接触过硫酸了。如果不经过硫酸处理，你使用的塑料梳子就制造不出来。还有，你的刮胡刀在锻造的时候也一定曾被浸泡在硫酸中。

接着，你把衣服穿好，系上纽扣。这就与硫酸无关了吧？其实不然。漂白、染料制造、染布等都离不开硫酸。没有硫酸就制不成纽扣。你皮鞋的皮革也需要使用硫酸来进行处理。而我们每天能够把皮鞋擦得锃亮，也是硫酸的功劳。

到吃早餐的时间了。只要你的杯子和盘子不是纯白色的，那就一定经过了硫酸的处理，因为硫酸一向被用来制造镀金及其他的装饰性染料。如果你的刀、叉和汤匙是镀银的，就一定在硫酸中浸泡过。

你早餐吃的面包的原料小麦，很可能被施过磷酸盐肥料，而要制造这种肥料就必须使用硫酸。如果你早餐吃的是荞麦饼和糖浆，那更是少不了它……

硫酸就是这样，在不知不觉中影响着你生活的方方面面，它无处不在。没有它，我们非但不能打仗，简直连平常的日子都过不了。硫酸对我们如此重要，应该被我们所重视……可遗憾的是，它却经常被人们忽视。

代词"你"的运用，使演讲者与听众的距离近了许多，让听众参与到他所描绘的图画中来，进而保持了他们长久不衰的听讲热情。但在有些时候，使用这个人称代词也是有危险的。例如，当演说者以专家自居，趾高气扬地向听众说教时，"你"这个字不仅不能拉近演讲者与听众之间的距离，还会引起听众的反感，造成沟通的障碍。在这种时候，最好使用"我们"来代替"你"。

包尔博士是美国医药协会的健康教育组组长，很受听众的欢迎。他在无线电或电视讲演中，就经常使用这个技巧。在一次演讲中，他这样对他的听众说："我们每个人都希望能从医生那里得到最好的服务，我们对于怎样挑选好医生了如指掌。但是，我们是否也应该知道如何当一个好病人呢？"

有些时候，用点小小的表演技巧，让听众参与到你的演讲中来，不仅可以帮助自己尽快进入演讲的角色，还可以使听众亦步亦趋地注意你讲的每个词。当你与听众展开互动，邀请他们协助你展示你的某个想法时，他们就会对你更加关注。因为清楚自己的听众身份，所以一旦被"卷入"演讲者的实战演练中，听众就会对所进行之事体察入微。正如很多的讲演者所言，台上和台下的确隔了一堵厚厚的墙。但是你如果能够获得听众的有效参与，这堵墙便会不攻自破。例如，有个演讲者想要阐释汽车若使用了刹车系统，能够在多长的距离之内停住的问题。他便邀请前排的一位听众，上台演示不同的速度是如何影响刹车距离长短的。听众手持钢制卷尺的一端，沿着讲台拉出45米的长度。在这个过程里，听众聚精会神、全情投入。事实上，这卷钢尺，岂止是辅助演讲者生动阐释的道具，它更是沟通演讲者与听众的桥梁啊！能够让听众参与其中，你就是把听众拉到自己的这边来了。

6. 引人回味的结束语

在一场演说中，最具战略性的一点便是结束语。当演讲结束后，演说者的最后几句话最容易被人长久地记住。成语"余音绕梁"说的就是这个意思。

很多人希望在与人交谈时，可以给对方留下深刻的印象，让对方记住自己。

·我曾访问过时任詹森公司总裁的詹森先生，他是一位出色的演说家。

"你来得正是时候。"詹森站起来对我说，"我刚好有件特别的事要做，我刚潦草地把今晚要对工人做的演讲的结尾记下来。"

我说："把脑子里那些乱七八糟的想法从头到尾地理出个头绪来，真叫人松了一口气。"

詹森说："不，我脑子里的只是一个笼统的概念，还没有完全成型呢！我正在想，应该用怎样特殊的形式做结束语。"

詹森并非职业演说家，也从没想过要使用那些慷慨激昂的话语和优美华丽的辞藻。但是，他却从实战经验中学到了使演说成功的奥秘：如果想要取得成功，必须有个好的结尾。他知道，如果想要给听众留下深刻的印象，必须合理地推进演说的内容，最后将其归纳于精彩的结尾。

你是否曾经想过，演讲中的哪些部分最能体现出你究竟是一个经验老到的演说家还是一个初出茅庐的新手？那就是演讲的开头和结尾。

几乎对于任何事情来说，开头和结尾都是最不容易掌握纯熟的部分。要在社交场合中落落大方地入场和退席，是最需要技巧的；在正式的会谈中，如何在一开始就赢得对方的信任，并使会谈成功地结束，是最困难的工作。

在一场演讲中，最具战略性的一点便是结束语。当演讲结束后，演说者的最后几句话最容易被人长久地记住。成语"余音绕梁"说的就是这个意思。但是，初学演讲的人总是会忽略这件事的重要性，他们的结尾往往无法令人印象深刻。

很多人在演讲结束时会说："关于这个话题，我能说的就只有这么多了。所以，我想，我的演讲也应该结束了。"这样的演讲者喜欢打马虎眼，企图掩盖自己没办法做一个漂亮结尾的无能。这不是一个结尾，而是一个不可原谅的错误，会将你的无能彻底地暴露出来。既然你已经说完了所有要说的话，直接坐下来就好了，唠唠叨叨地说些"我结束了"之类的废话干什么？还有一些人，说完了想说的话之后，往往不知该如何结束。

必须事先计划好结尾。许多事情都是这样，如果事先详细地做好计划，剩下的事就简单得多了。当你面对听众时，你的身心都在承受着演讲时的重大压力与紧张情绪，你的思想又必须专注于你当前所讲的内容，如果在这个时候考虑结束语，就会增加你的压力，给你带来许多不必要的麻烦。相反，如果在演讲之前就精心地准备好结束语，就不会出现这种状况了。

像韦斯特、布莱竺、葛雷史东等成就极高、且拥有令人钦佩无比的语言能力的著名演说高手都认为，初学演讲的人应该把结尾写出来，再逐字逐句地背出。

如果照着这种方法做，初学者就不会再次陷入不知如何结束演讲的窘境。初学者必须清楚地知道，他想在结尾表达什么思想或内容。他应该在事先把结尾的一段练习几遍，语句可以不尽相同，但必须明确地把你想要表现的东西表达出来。

如果是即兴演讲，就要求演说者必须在演讲的过程中删掉一些东西来配合事情的发展和听众的反应。所以，聪明的演说家都会事先准备好三种结束语，就算第一种不行，还有第二、第三种可以用。

很多初学演讲的人结束演讲的时候缺少过渡，不够平顺，显得非常突然。准确地说，他们的演讲并没有结尾，而是突然之间就停止了，在令人感到很不愉快的同时，这也等于告诉别人，他是一个大外行。这就相当于在社交场合中，一方猛然停止说话，然后极失礼地夺门而出，连句再见都没有说一声一样。

事实上，会犯这种错误的不仅仅是初学者，像林肯这样出色的演说家也曾经犯过这样的错误。他当选总统时，正值美国国内局势紧张之际，仇恨和冲突的乌云布满了天空，内战一触即发。

在他第一次就职演讲的原稿中，林肯本来打算以下面这段话做结尾，结束向南部人民发表的就职演说：

> 各位心怀不满的同胞们，掌握内战抉择权的是你们，而不是我。政府不会对你们施压。只要你们自己不挑衅，就不会受到任何攻击。你们没有发誓要毁灭政府，但我却要立下最庄严的承诺，誓要为保卫和维护我们的政府而战。也许你们会避开对这个政府的攻击，但我却会坚决履行保卫它的誓言。"和平还是战争"这个重大的问题取决于你们，而不是我。

林肯把这份演讲稿拿给国务卿西华看，西华当即指出了这段结尾的缺点：过于直率和鲁莽，刺激性太强。在西华的帮助下，林肯改正了原稿的种种缺点，使修改后的演讲词显得更加友善：

> 我不希望发生冲突。我们是朋友，不是敌人，我们也绝不应该成为敌人。也许激情使我们关系紧张，但绝不会使我们决裂。回忆的神

秘情感，从每一片战场和爱国战士的坟墓伸展开来延伸到这片广袤的土地上，与每一颗跳动的心脏和温暖的家庭联结起来，使我们美利坚合众国更加团结友爱，那时，我们将会，也一定会，用我们天使一样的美好情感来对待我们的国家。

初学者怎样才能对演讲结尾部分的优劣做出正确的判断？其实，这种东西跟文化一样，是非常微妙的，几乎可以算是一种直觉。但是，这种感觉并非遥不可及，既可以通过培养而得到，也可以通过总结经验而获得。研究著名演说家所用的方法也许会对你有所启发。

下面是林肯的第二次就职演说的结尾部分：

我们衷心地希望，热情地祈祷，希望这可怕的战争灾难可以迅速成为过去。可是，假如上帝一定要让它继续下去，让250年来奴隶们的无偿劳动所积聚起来的财富烟消云散，直到鞭答下所流出来的血与刀剑之下所流出的血可以相互抵消，我们也只能说出那句3000年不变的话——上帝的裁判是公正无误的。我们对任何人都不会心怀恶意，对任何人都宽大为怀，坚持正义，上帝指引我们认识正义，让我们继续努力，去完成我们正在进行的事业，包扎起我们国家的创伤，关心那些为战争做出牺牲的人，尽一切力量照顾他们的遗孀和孤儿，以求得在我们之间实现并维护一个公正持久的和平，并将它推广到世界的每一个角落。

这次演说的结尾发自内心，语气庄严，铿锵有力，充满了爱意和感情，极大地触动了人们内心的情感，引起了人们强烈的共鸣，给人们留下了极其深刻的印象。这才是真正完美无缺、令人难忘的结尾。

Lesson4
增强讲话的力量

1. 以真诚和热情打动听众

如果演讲者真诚地相信某一件事，并热切地在他的演讲中讲述出来，就可以轻易地获得人们对他的拥护和信任，就算他声称自己有本事从山胡桃木灰当中培植出兰草都无所谓。

演讲者在当众讲话时，对听众真心诚意地表示赞赏，有助于抓住听众的兴趣，赢得进入他们心灵的护照。不过这需要你自己去钻研和揣摩。需要注意的是，赞扬一定要发自内心，不能用夸张、做作的语言，否则会被听众认为是故意在谄媚而对你产生厌恶的情绪。

在演讲时，演讲者要确定自己是百分百真诚的。虚情假意的话语，也许可以骗过某个人，但永远也骗不了所有听众。千万不要随口乱说"很高兴来到这儿，我爱你们每一个人""这是一次来自世界各地的绅士和美女的聚会""你们都是有高度智慧的听众"等之类的话。如果不是发自内心的赞赏，就没有任何作用。

真诚可以化解愤怒，使敌对的双方化干戈为玉帛。还记得1915年的大罢工吗？那是美国工业史上流血最多、最令人震惊的大罢工，其影响竟长达两年之久。愤怒的矿工们要求科罗拉多州煤铁公司提高工资。当时，公司是由小约翰·洛克菲勒负责的。那时，公司的财产遭到矿工的毁坏，于是军队开始镇压矿工。流血事件接连发生，不少矿工被杀，气氛十分紧张，仇恨和愤怒的火焰缭绕在每一角落。洛克菲勒要在这样的情况下获得矿工的谅解显然非常困难，但他真的做到了。事情的详情是这样的：

洛克菲勒用了数星期的时间结交工人朋友，然后他对工人代表们发表演讲。这一篇杰出的演讲稿产生了惊人的效果，它把工人们的愤怒完全抚平了，甚至还赢得了不少人的赞赏。整个演讲过程中，他始终表现得非常真诚，罢工者也都陆续回到了各自的岗位。本来工潮的根源在于薪金问题，但这件最重要的事，大家却都只字未提。

这都归功于这篇著名的演讲稿在字里行间流露出的真诚。要知道，洛克菲勒这篇演讲的听众，是那些怒火中烧、甚至扬言要把他吊在酸苹果树上的人。可是他对这些人讲的话却比医生、牧师更为谦逊和仁慈。以下就是这篇演讲：

这是我人生中值得纪念的一天，也是我第一次有这样的荣幸和公司方面劳工代表、职员及督察们聚在一起。不瞒你们说，这个聚会将使我毕生难忘。如果这个聚会是在两周之前举行，那么对你们中的大多数人来说，我简直就是个陌生人，即使有认识我的，也确实为数不多。

在这两个星期里，我去了南区矿厂，与每位代表都进行了交谈，并拜访了你们的家人，见到了你们的妻子和孩子，所以今天在座的各位都已经是我的朋友，而不再是陌生人了。我很高兴能在这种友好互助的氛围之下，有机会和大家一同商讨与我们共同利益相关的事。

此次聚会，包括公司的职员和劳工代表，我能来这里，皆承蒙你们的厚爱。虽然我不是公司职员，也不是劳工代表，但我觉得，我和你们的关系非常密切，因为我代表的是工厂的股东和董事会。

在这篇演讲中，他运用了类似这样的词句，诸如"有这样的荣幸""拜访你们的家人""见到你们的妻子和孩子""已经是我的朋

友，而不再是陌生人了""友好互助的氛围""共同利益""我能来这里，承蒙你们的厚爱"，等等。

假若洛克菲勒用的是其他方式：比如他同矿工们辩论，当着他们的面用可怕的事实和后果痛责、威胁或者恐吓他们，并严厉斥责他们在此次罢工事件中犯下的严重错误。如果洛克菲勒这样处理，你猜会出现什么情况？更凶猛的愤怒、更深广的愤恨必会进一步滋生，反抗也会愈加猛烈。

二十多年以前，我在纽约听过一次演讲，那位演讲者的热情和真诚几乎感染了所有的人。至今为止，我也没有见过第二个可以跟他相提并论的人。

在纽约的一家销售公司里，一个销售业绩一流的推销员宣称，他能够使"兰草"在无种子、无根的情况下生长。他说，他曾经把山胡桃木的灰烬撒到新犁过的土地里，一眨眼的工夫，便长出了兰草！他坚定地认为，山胡桃木的灰烬是兰草从地里长出来的唯一原因。

我曾温和地向他指出，如果他这个非凡的发现是真的，他将一夜暴富，因为兰草的种子每千克可以卖到好几块钱；他也会因此成为人类历史上最杰出的科学家之一。

虽然每个人都认为他的说法荒谬透顶，但是他依然坚持自己的理论。他说他只是在陈述自己的经验，并不是在讲什么理论。他说他知道自己在说什么，并为他的论述提供了更多证据，他的声音里充满着真诚。

然后，不可思议的事情发生了，好几个人都跟他站到一边了，还有很多人半信半疑。我很好奇，就问那些跟他站在一边的人，什么使他们改变了原来的观点？他们都无一例外地回答，是演讲者声音里的真诚与热情感染了他们，使他们对自己的观点产生了怀疑。

　　于是，我给农业部的人写信咨询这个问题。不出所料，农业部回信说，不管是兰草还是其他活的东西都不可能在山胡桃木灰里生长。他们还说，有一封从纽约寄去的信，问了他们同样的问题。寄信人便是那位推销员。他太有自信了，认为自己的看法一定不会错，所以回去后也马上给农业部写了信。

　　这件事给了我很大的启发，我永远也忘不了。如果演讲者真诚地相信某一件事，并热切地在他的演讲中讲述出来，就可以轻易地获得人们对他的拥护和信任，就算他声称自己有本事从山胡桃木灰当中培植出兰草都无所谓。

2. 倾听的智慧

　　许多人之所以给人留下的印象不佳，皆在于他们不善于倾听，他们只是忙着发表自己的见解，却从不记得用自己的耳朵倾听。

　　在社交场合中，有这样一种人，他们为了使自己在交谈中占优势，总是会故意挑起激烈的话题。他们认为，一旦谈话的主动权落在对方手上，话题就会逐渐朝着对对方有利的方向发展，在谈话的过程中，他们会慢慢地向对方就范，最后，得出对对方最有利的结论。

另外一种人则跟他们完全不同。他们不是自己提出话题，而是顺着别人的话题说下去，并不断地帮助对方将话题扩展开来，引导对方将自己所知道的情况全都讲出来。这种人是真正的有智慧的谈话专家，他们懂得倾听别人说话。

在纽约出版商格林伯举办的宴会上，我遇到了一位著名的植物学家。之前我从未和植物学界的学者接触过，所以他的谈话对我极具吸引力。当时我像着了魔似的，在那儿仔细听他讲有关大麻、大植物学家浦邦和温室花园的布置等事。他还讲了关于马铃薯的怪异现象。而当他得知我也有个小型的温室花园时，他非常热忱地告诉我几个有效办法，帮助我解决了好几个问题。

在这个有十几位客人在座的宴会上，我忽略了其他所有的人，一门心思地与这位植物学家畅谈了好几个小时。午夜时分，我向每个人告辞，这位植物学家在主人面前对我极度恭维，说我"极富感染力"，并说我是一个风趣、健谈，具有优美谈吐的人。

风趣？健谈？还谈吐优美？我吗？而我压根儿就没有说几句话，就算当时我真的想说，也无从说起，因为植物学方面的事，我知之甚少。

但我知道我始终在注意倾听，而且是那种真正感兴趣的全神贯注地倾听。同时，他也觉察到了这一点，所以他当然十分高兴。要知道，倾听从某种意义上讲是一种最得体的恭维。伍福特在《异乡人之恋》一书中曾说过："很少人能拒绝那种专注倾听所包含的谄媚。"

我告诉那位植物学家，我对他的悉心指导有浓厚的兴趣，确实如此；我还说我希望像他那样有这么丰富的学识，的确如此；之后我又对他说，希望能再次见到他，这也是我发自内心的话。

就是这些简短的话，使他认为我健谈。其实，我不过是善于倾听，并且善于鼓励他谈话罢了。当然，在倾听中，我也解决了温室花园的一些问题，更重要的是，我交到了一个很好的朋友。

　　身为资深著名记者的马可逊，曾对很多叱咤风云的大人物进行过专访。他对我们的告诫是："许多人之所以给人留下的印象不佳，皆在于他们不善于倾听，他们只是忙着发表自己的见解，却从不记得把自己的耳朵张开。"马可逊又说，"一些名人曾对我说过，他们欣赏的往往并不是那些滔滔不绝的人，而是那些善于聆听的人。有倾听能力的人，其实比具有好性格的人还要少见。"而名人的这个喜好，在普通人身上依然适用，没有人不喜欢人家聆听他自己的高论。《读者文摘》上有句话说得好："人们找心理医生，无非是在找倾听者罢了。"

　　假使你不怕被人笑话，被人敬而远之地躲开，甚至让人打心眼里瞧不起你，你只需要忽视别人的讲话而不断插入自己的观点就可以了。通常在别人谈论什么事情的时候，你会发现自己的见解比他们高明多了，于是你就迫不及待地在那里口若悬河。没错，你不屑于花时间去听别人那些毫无价值的话，你想要做的就是制止他们并推销自己。

　　你见识过这样的人没有？不幸的是，我就碰到过。令人匪夷所思的是，他们有些还是社交界的名人。这样的人往往遭人厌恶，他们自以为是而且极为自恋。

　　"那些专注于谈论自己的人，只知道为自己考虑。"哥伦比亚大学校长白德勒博士说过，"这种人无药可救，简直毫无教养！"他又说："不管他有多高的学历，他其实相当于没有受过教育。"

3. 以退为进，让别人多说

当他的话与你相左时，你可能会忍不住想打断他。但不要忘了，那样做非常危险。当他的话还没说完时，他是不会把注意力放到你的事情上的。因此你不如耐心聆听，而且要真诚地鼓励对方尽情诉说。

人们在急于想说服对方的时候，往往会滔滔不绝地说下去。尤其是推销员，更容易犯这个错误。正确的做法是：尽量引导对方多说一些，他对于自己的事或是他的问题，自然要比你知道得多，所以你只需要问

他问题就好，让他来告诉你一些事。

当他的话与你相左时，你可能会忍不住想打断他。但不要忘了，那样做非常危险。当他的话还没说完时，他是不会把注意力放到你的事情上的。因此你不如耐心聆听，而且要真诚地鼓励对方尽情诉说。

几年前，美国一家大型汽车制造商正在接洽购买大批量的坐垫布，以供下个年度所需。当时，有三家厂商都希望能争取到这笔生意。这家汽车公司的高级职员把三家送来的布样都验看后，便和三家厂商约定某日各派一位代表前来商谈，最后再做决定。

其中一家厂商的代表琪勃在商谈时正患着严重的喉炎。琪勃先生在我的训练班上描述了那天的情况：

"当轮到我去见汽车公司的高级职员时，我嗓子已经疼到说不出话的地步了。我被带进一间办公室，我需要和纺织工程师、采购经理、推销主任以及那家汽车公司的总经理当面接洽。我站起来想说点什么，可惜根本无法正常发出声音。他们是围桌而坐看着我的，我只好迅速在纸上写道：'诸位，我嗓子哑了，说不出话。'

"那位总经理说：'那就让我来替你说说看了。'这位总经理便从我的角度开始说起。他把我的样品摆开置于众人面前，说出这些样品的优点，于是他们的职员便就此展开了讨论。而那位总经理是以我的立场替我说话的，所以讨论期间，他很自然地帮着我。而我所做的就是微笑着点点头或者做几个手势什么的。

"这个奇特的会议结束后，我们的布样被采用了。他们向我订购了50万码的坐垫布，价值160万美金，是我经手过的最大的一笔订单。

"这次其实是因祸得福，若不是我嗓子哑了，我得到那份合同的概率其实并不大，因为我对整个事态的观念有误。旁听了对方的讨论后，我发觉让对方多说一些，尽情阐述他们的观点是多么有价值。"

再来看以下这个例子，注意故事中的那位妻子犯了什么错误。

夜幕降临，梅贝像往常一样准备着晚餐，等着丈夫比尔的归来。

"亲爱的，今天实在是个值得庆祝的日子！董事会把我喊过去，听取我的详细汇报，并就一些问题询问我的想法，问我有什么建议……"一进客厅，比尔就兴奋地大声嚷嚷。

可梅贝似乎没有多大兴趣："哦，是吗？你真棒。亲爱的，你要吃酱肉吗？我们的火炉坏了，早晨有个修火炉的人说有些部件需要更换，你吃完饭后去检查一下，好吗？"

"好的，宝贝。我刚才已经提到，我终于引起董事会的注意了，他们要我的建议。说真的，建议什么好呢？我真是又紧张又兴奋，不过我会仔细准备的，我要他们都欣赏我，都认为……"比尔显然不想放下刚才的话题。

没等比尔说完，梅贝就打断了他的话，一边往餐盘里装着酱牛肉，一边说："比尔，托尼的成绩单来了。你必须注意，你的宝贝儿子，成绩已经一塌糊涂了。老师想跟你谈一谈，希望你能拿出个办法。如果他从现在起开始用功，下学期成绩肯定能上去。"

比尔住嘴了，他还能说什么，他能做的只是吞下酱牛肉，然后着手解决修火炉和托尼的成绩单的问题。这个故事中，作为丈夫的比尔兴奋地想与妻子梅贝分享自己的成功与喜悦，但梅贝根本没有意识到这一点，她不停地打断丈夫的话，吩咐他做这个干那个，根本没有把丈夫的话当回事。终于，丈夫的激情退去，可能下一次的时候，他就不会和妻子讲自己的事情了。

4. 设身处地思考

不妨设身处地地从他人的角度考虑，你可以自问："如果我处在他的位置上，遇到那种境况我将做何感想，之后又会怎么做呢？"

有时候对方也许做得不对，或者错得一塌糊涂，但若他自己不承认，你也不要妄加评论。如果你为此斥责人家，那你就太傻了。聪明人决不会这么做，他会试着去谅解对方。对方之所以会那样做，其中定有原因。如果你把现象背后隐藏的实质原因找出来，就会对对方的行为、人格等有进一步的了解。

所以，不妨设身处地地从他人的角度考虑一下，你可以自问："如果我处在他的位置上，遇到那种境况我将做何感想，之后又会怎么做呢？"这样想过之后，你就不会花那么多时间烦恼了。了解到事情的起因，结果就不会显得那么令人讨厌。另外，你为人处世的技巧也会随之提升不少。

爱伯逊是纽约一家银行的出纳员，他就曾运用这个方法，留住了一位大储户。

爱伯逊先生这样说："此人来银行存款，按银行的规定，我把存款申请表格交给他填写。结果他的表格填写得极不完整，一些问题他根本就不打算填。

"说来惭愧，假如这种情况发生在我上这个训练班之前，我肯定会告诉那位顾客，如果他不把表格填完整，那就不要办理存款业务了，悉听尊便。每次我这样说了之后，都会觉得自己拥有权威，心中十分得意。

"但今天上午，我决定运用在训练班上学到的知识，设身处地从顾客的角度来考虑问题。因此，我向他表示，其实我个人也觉得填一堆啰唆的表格很烦，他既然拒绝填写那些资料，我也觉得并非什么大不了的事。

"不过，我试着提醒他说：'如果你的钱到你去世后依然存在我们银行，你是否希望银行把存款转交到你的继承人或者直系亲属的名下？''当然！'那位顾客爽快地说。我接着说：'那么，如果你把直系亲属的姓名和基本资料告诉我们，以便我们能够在您希望的时间立即把这笔钱转交，这样不是很好吗？'他又说：'是，是很好。'

"那位储户的态度之所以逐渐缓和，是因为他已知道填写这份表格完全是为他做打算。离开银行前，他不但完整地填写了表格，还接受了我的建议，以他母亲的名义开了个信托账户，并把有关他母亲的资料也都详细地填上。我设身处地为别人着想，不仅会使对方忘了争执，而且很容易引导对方采纳我的建议。"

多年来，我大部分的消遣都是到离我家不远的一个公园里散步、骑马。公园边上的布告牌上写着：凡引发火灾者将受到罚款或监禁。但因为布告牌设立的地方很偏僻，很多人都没注意到它。负责管理这个公园的是一位骑马的警察，他对工作显然很不认真，因为公园里的起火事件总是频频发生。

有一次，我急匆匆地去向警察报告，说某某处的火势不小，正在急速蔓延，我建议他最好立刻通知消防队。谁知对此他根本就没当回事，还说那不在他的管辖范围内，并不关他的事。既然如此，后来只要我骑马来公园，便把保护树木当成自己的事情去做。

起初，当我看到有孩子们在树下野炊时，心里就很反感，并且想立刻上前阻止，从没有从孩子们的角度想过一丝一毫。显然，我那么做是不明智的。我以严肃的口气，要他们把火熄了，还吓唬他们说否则就会被拘禁什么的。我甚至威胁他们说若他们不听话，我就会把他们抓走。当然，那只是发泄怒火地说说而已，但我却没有顾及他们的感受。结果怎样？虽然孩子们当时并没有反抗，但显然心里并不服气，等我刚离开没多远，他们便重又生起火来，甚至还赌气想把整个公园都给烧掉。

多年后，我意识到我那套方法不行，必须以关怀之心站在别人的立场上去看问题。于是，我放弃命令的口吻，再见到那些野炊期间玩得正高兴的孩子们时，我会说："嘿，孩子们，你们玩得还不错吧？野餐都做些什么呢？我像你们这么大的时候，也对野炊特别感兴趣，现在想起来还觉得真是难忘。不过，你们可要小心，毕竟在公园里生火挺危险的，不过我一看就晓得你们都是乖孩子，不会闯祸的。但别的孩子们，就不一定有你们这样的素质了。他们看到你们生火玩得挺高兴，也跟着玩起火来，回家时万一忘记把火熄掉，周围干燥的树叶一烧着，可能整个树林就都得被烧了。如果不防微杜渐，公园里的树就会越来越少。而且公园里有规定，引起火灾是要被罚款或者拘留的。但我也不想让你们扫兴，相反，我希望你们玩得开心，使我也可以回忆起我的童年。只是，需要提醒你们的是，你们最好把干树叶扫开，别忘了野炊结束后在火堆上盖些泥土。如果你们下次再想玩时，我建议你们去那边沙堆上升火，好不好？那里应该不会有什么危险。孩子们，谢谢你们的合作，祝你们吃好、玩好啊！"

这样说的效果还真是不错！孩子们通情达理地跟我合作，没有抱怨和逆反心理。因为没有人强迫他们怎样怎样，我给他们留足了面子。那时我们双方对彼此都很满意，因为我是以一颗关怀之心处理这件事的，并设身处地为他们的安全考虑。

当你请求别人做某件事时，不妨闭上眼睛，从对方的角度把事情先在脑子里想一遍！然后自问："他这样做的原因是什么呢？"没错，这样一来肯定耗时耗神。但随之而来的将是获得更多的友谊，减少彼此之间的摩擦和紧张气氛。

哈佛大学商学院院长陶海姆这样说："跟一个人会谈前，我宁可在那人办公室外的走廊上来回踱步两小时整理思路，把他的反应都想好之后再进去，也决不会贸然去跟他谈的。"

5. 巧妙引导对方说"是！"

我们经常发现，自己的主意很容易在完全没有抵抗、情绪毫不激动的状态下改变。但是，如果别人说我们错了，我们就会对这样的指责产生抵触情绪而不会去反思。

在谈话之初应尽量引导对方说"是！是！"极力防止他说"不！"

与人交谈时，不要一开始就涉及彼此意见相左的问题，不妨把双方都赞同的事情首先提出来谈。你还要不断以求同存异为原则向下进行，如果可能，你更应该提出你的见解，让对方明白其实你们所追求的目标是一致的，只是操作方式上存在差异。

《影响人类行为》一书中说过："一个'不'字所造成的连锁反应，是最难克服的障碍。当一个人说出'不'字后，为了保持人格尊严，他就不得不把自己的观点贯彻到底。事后，即使他发现自己的观点和做法都是错误的，但这时考虑到自己的尊严，他已无法回头。所以最开始的时候，就引导对方往肯定的方向走，就显得尤为重要。"

懂得说话技巧的人，往往刚开始讲话便力争获得尽可能多的"是"的反应。唯其如此，才可能把对方引导至肯定的方向。这就像打台球一样，你撞球的方向如果稍有偏差，等球碰撞后分开的方向就会与你期待的方向大有出入。

更多地引导对方多说"是"字，这本来是项极简单的方法，但人们却往往把它忽略了。人们似乎觉得一开始就发出不一样的声音才能获得对方的重视，显示自己的与众不同。因此激进派和守旧派的人往往谈不到一块儿去，很容易针锋相对、怒火中烧。这样做其实根本于事无补，如果说只是为逞一时之快也就罢了，若是彼此准备通过会谈真正解决问题，那这样做就太不值得了。

林肯说："先找到一个大家公认的赞同点，是我展开一场讨论并最后赢得这场讨论的秘诀。"就连在讨论矛盾尖锐的奴隶制问题时，他也能找到这种赞同点。一家态度一贯保持中立的报纸曾这样报道他的一场演讲：在前30分钟，他的每一个观点都得到了他的反对者的认同。他就从这一点入手，慢慢地引导着他们向前走，最后把他们全部带入自己预先编织好的罗网中。

很明显，如果演说者跟听众辩论，就会引发他们自我保护的本能，使他们更加固执己见，不肯改变观点。

演讲开始时，你要先说一些听众和你共同认可的事情，接着，提出一个适当的问题，跟听众一起探讨答案，这样更有利于你的观点被听众接受。在这个过程中，你可以用举例的方式，把你所知道的事实罗列在听众面前，引导他们接受你的观点。因为，这样一来，听众会认为这事实是他们自己发现的，不会有任何怀疑。

再尖锐对立的争辩，其中也总有某种共同点能让对立双方的心灵产生共鸣。比如，1960年，英国首相哈罗德·麦克米伦曾在南非联邦国会两院发表演说。当时南非的种族歧视现象非常严重，他该如何在推行种族隔离政策的立法团体面前述说英国的种族平等观点呢？他没有一开始

就提出这个基本分歧，而是首先强调了一番南非了不起的经济成就，赞扬南非经济对世界经济做出的重大贡献。然后，他巧妙地提出了这个双方有分歧的问题。而且，他特意指出，他明确地知道，这些分歧都是源自各自所真诚信奉的理念。在这场精妙无比的演讲中，首相这样说道："作为一名英国公民，我非常愿意支持南非，但是，请允许我直言不讳地指出：在我们的国家里，我们正在想办法使每一个自由人拥有平等的政治前途。虽然我今天来到这里是为了给予各位支持和鼓励，但也不能违反我们自己至深的信念。我想，我们应该像朋友一样，共同面对这个目前我们之间存在分歧的事实。"

这样的演说，会使任何一个坚决反对演说者意见的人，相信这位演说人的讲话是公正而诚恳的。

如果哈罗德·麦克米伦一上来就大谈特谈双方在种族问题上的分歧，而绝口不提双方的共同点，结果一定会非常糟糕。

《思想的酝酿》一书也谈到了这个问题，它这样写道："我们经常发现，自己的主意很容易在完全没有抵抗、情绪毫不激动的状态下改变。但是，如果别人说我们错了，我们就会对这样的指责产生抵触情绪而不会去反思。我们不会对我们的信仰有特别的热爱，但是当遇到与我们意见相左的人对我们表示反对时，我们的内心立即就会对自己的信仰充满疯狂的热爱。很明显，我们珍视的是我们受到挑衅的自尊，而不是信念本身……这看似不重要的'我'却是人类事务中最重要的一个词，真正聪明的人都会对这个词适当地加以考虑。惯性使我们愿意继续相信已经存在于我们观念中的东西，一旦我们的观点受到质疑，愤怒的我们便会找出一大堆理由来使我们继续相信自己已经习惯相信的东西。"

6. 询问而非命令

你不会听到他说"做这个，做那个"或者是"别做这个，别做那个"，他的措辞常常是："你不妨考虑一下"或是"你认为那个有效吗？"

想要吩咐别人做什么事情时，询问的方式永远好过直接下指令。

南非约翰内斯堡有一家小工厂专门制造精密机器零件。伊安·麦克唐纳是这家工厂的总经理。一次，有人想向他们订购一大批零件，但要麦克唐纳确定能否如期交货。工厂的进度早已经安排好，要在短时间内赶出一大批货，连麦克唐纳也不敢确定能否如期交货。

麦克唐纳没有催促工人赶工，他召集了所有员工，详细地对大家说明了事情原委，便开始提出问题：

"我们有什么办法可以处理订货？"

"有没有什么办法可以调换一下时间或分配工作，以加快生产速度？"

员工们纷纷发表自己的看法，并且都坚持接下订单。他们用"我们可以做到"的态度来处理问题，并且如期完成了订货。麦克唐纳巧妙地用向工人们"请教"的方式来代替对他们发号施令，使命令下得不着痕迹，最终达到了自己的目的。

以询问的方式不露痕迹地下达命令，维持了对方的自尊，这样一来，对方就会愿意听你的话，跟你合作。

丹·桑塔雷利是来自宾夕法尼亚州的一位教师，他给我讲了一个发生在老师和学生之间的真实故事：

有个学生把车子停在不该停的地方，挡住了别人的去路。一位老师冲进教室很不客气地问："是谁的车子挡住了通道？"等车主人回答之后，这位老师恶声说道："马上把车子移开，否则我叫人把车子拖走。"那位学生不情愿地把车子开走了。从那天起，很多学生开始对这位老师

不满——不只是停错车的那一个，甚至其他学生还经常在他的课堂上故意捣乱，让老师难堪。

如果这位老师用另一种方式处理，结果可能会大不一样。他大可以心平气和地问："是谁的车挡住了通道？"然后，温和地建议那位学生将车子移开，以方便别人进出。相信这个学生会很乐意配合，这位老师也会赢得其他学生的尊重。

最近，我非常荣幸地同泰白尔女士一起用餐，她是美国著名的传记作家。她得知我正在写这本书的时候，便和我谈起了这个重要问题。她提到在写杨欧文的传记时，曾访问过一位与杨欧文先生一同工作三年的人。那个人说，在这三年期间，他从没有听到杨欧文对别人说出过任何直接命令他人的话。杨欧文通常只是去建议，而不是下指示。

比如你不会听到他说"做这个，做那个"或者是"别做这个，别做那个"，他的措辞常常是："你不妨考虑一下"或是"你认为那个有效吗？"

当他写完一篇信稿后，会这样问："你觉得怎么样？"当他看过助理拟的信函，而又不大满意时，他会这样说："你看我们来重写，是不是会稍微好一些？"他总是给别人自己去做事的机会；给他们自主权，而不是指挥他们去怎么做，他希望他们能从错误中获得经验教训。

杨欧文这样做其实会使人更容易面对自己的错误并改正过来，而同时还能使对方的自尊心不受伤害。这样对方也会更真诚地与他合作，而非拒绝或背叛。

韦伯斯特被许多人奉若神明，他说话很像耶和华，是律师行业中最为成功的一位。但身为律师的他却从不进行无谓争辩，他所做的只是提出自己有力的见解，并运用极温和的措辞来引述。

比如："我这么说还要请陪审团加以考虑。""这情形是不是值得诸位再仔细想一想……""诸位，我相信这几项事实，你们是不会忽视的……"或者他这样说："诸位只要根据自己在人情事理方面的常识性想法，便很容易看出这些事实的重要性。"

韦伯斯特所说的话没有胁迫意味，他也没有实施高压策略，他从不强迫别人接受自己的意见。他用轻松而友善的询问方式引导对方，这使他在业界声名远扬。

7. 不要吝惜你的赞美

对别人多一些赞美，会使你拥有更加融洽的人际关系。因为得到赞美的那种快乐会从他人的心里千百倍地反射给你。真正值得别人赞美的人正是懂得赞美别人的人。

赞美是一个奇妙的词语，它可以给你一双善于发现别人优点的眼睛；可以给你一颗对生活充满信心的心灵；可以消除人与人之间的隔阂与误会，让世间所有仇怨都消失在明媚的阳光中。所以，无论是在谈判还是日常生活中，适时的赞美可以令对方心情愉悦，使对话顺利进行。

不过有一点非常重要，赞美别人时，你一定要做到诚恳而得体。在赞美别人之前，你要先考虑一下，自己是否有确切的依据，能否让对方相信，一旦有第三者对你的赞美表示反对，你能不能拿出证据来证明自己的赞美正确无误。因此，赞美他人一定要以事实为基础。一位母亲这样赞美她的孩子："有你这样的一个好孩子，我感到很欣慰。"这就是一句很适当的话，不会让孩子变得骄傲。另外，你还要以一种真诚的态度赞美他人，不要让你的赞美变成谄媚。

我有一个朋友40岁了还是单身，好在不久前他总算订婚了。但他的未婚妻让他去学一个对他来说勉为其难的技能：跳舞。关于学跳舞的经历，他这样跟我说：

"上帝，我确实得学学跳舞，因为我现在的水准比20年前刚开始学跳舞的时候没有任何提高。而第一位教我跳舞的老师，一眼便发现了这个问题，她告诉我说，我的舞步简直是一团糟，需要从头学起。她说的或许没有错，但我听了之后就没什么心思继续学下去了，所以我辞掉了她。

"我聘请的第二位老师很会说话，我很喜欢跟她学跳舞。她轻描淡写地说，我的舞步略显旧式风韵，基本步调没什么问题。她还说时兴的舞步对我这样程度的学员来说，并不难应付。

"第一个老师上来就把我学舞蹈的热情给熄灭了，第二个老师则重新激发起我对舞蹈的兴趣，并不断地称赞我，使我确信自己能够跳好，从而减少了我舞步上的错误。甚至，她还肯定地告诉我，说我有不错的韵律感，本该是个天才的舞蹈家。这样的夸赞并没有让我飘飘然得忘记我其实只是个不入流的舞者，但我心里却暗暗希望真是如此。或许那只是她教课的策略，她拿了学费后需要的措辞，但那又何妨呢？

"毕竟在她说我有不错的韵律感之前，我的进步远没有现在这么快。正是她那句话鼓励了我，让我充满希望地积极学习，不断进步。"

对你的孩子、丈夫，或是你的员工，说他在某事上不可救药、毫无天赋、他做的没有任何价值，那你就彻底熄灭了他本来奋发向上的激情；但用与之相反的态度去对待，多鼓励他们，暗示他们其实想做好并不难，让他感受到你对他的信任，你对他潜在能力的期许，他肯定会全力以赴地把

事情做好。

工程师司托伯觉得自己的房子房租太高，但据他所知，房东是个不好说话的老顽固。司托伯在训练班上说：

"我写了信告知房东，我租约期已满，就要搬出公寓，其实我并不想搬，如果能减低房租的话，我愿意继续住下去。其实，写这样的信我并不抱太大希望，因为其他房客都试过了，结果也都失败了。他们说房东这个人很难应付。但我转念一想，既然我正在学的就是如何应付人的课程，不如就此事运用一下，看看效果如何。

"房东接到我的信后，与秘书一起来看我。我在门口热情地迎接他。开始，我并没有谈关于房租的事情，只是一直在说我对他这个公寓有多么喜欢，包括我怎样欣赏他管理房子的方法，等等。同时，我对他说，其实我本想继续住下去，但因为经济问题我也实在没办法。

"想必没有哪个房客以这样热情的方式欢迎过他吧，他一副受宠若惊、手足无措的样子。

"于是，他向我提起他曾遇到的其他房客——他们对他总是埋怨，甚至有个房客曾写过14封信诋毁他。还有一位房客曾对他说，要是楼上的人睡觉还继续打鼾，他就立即取消租约。

"房东指着我说：'有你这样一位令人满意的房客，对我来说真是求之不得啊。'然后还没等我提房租的事，他就主动提出租金会减低一些。当我觉得他给出的价码我还是不能接受，并说出我能负担的价码时，他二话没说就答应了。

"辞别时，他还问我：'如果房子有需要装修或者维修的地方就跟我说。'

"我如果当时也用了和以前的房客同样的方法来逼迫房东减租，我想我的遭遇肯定也好不到哪儿去。这次恰恰是热情、欣赏、同情的方法，才使我达到了我预期的效果。"

很多时候，为了博得别人的好感，你总会把对方先赞美一番。如果由你自己说出赞美的话，难免有阿谀奉承的嫌疑。但如果巧妙地利用第三者之口来赞美，对方就不会认为你是在恭维他。因为人们总是觉得，第三者说的话是客观公正的。这也是赞美别人的方法之一。

对别人多一些赞美，会使你拥有更加融洽的人际关系。因为得到赞美的那种快乐会从他人的心里千百倍地反射给你。真正值得别人赞美的人正是懂得赞美别人的人。

8. 给他一个美名去保全

的确，无论是富人、穷人、乞丐、盗贼……几乎每一个人都愿意竭尽全力去保全被赐予的美名。

如果你想改变一个人某方面的缺点，你要暗示，其实他具有这方面的素质。莎士比亚说："如果你没有某种美德，就假定你有。"最好的方法是假定对方有你所要激发的那种品质，给他一个美名去保全，通常他都会竭尽全力按你希望的样子去表现。

的确，无论是富人、穷人、乞丐、盗贼……几乎每一个人都愿意竭尽全力去保全被赐予的美名。

鲁丝·霍普斯金太太是纽约布鲁克林一位四年级的老师。

在学期的第一天，她就开始忧虑起来。因为今年，她班上有一个全校最顽皮的"坏孩子"——汤姆。汤姆不只是恶作剧，他还跟男生打架、逗女生、对老师无礼、在班上扰乱秩序。对于这些，汤姆在三年级时的老师不断地向同事和校长抱怨，只要有任何人愿意听，他就会不停地诉说汤姆的坏事。但汤姆也不是一无是处，比如，他的功课——他能很快学会学校里的功课，并且学得非常好。

霍普斯金太太决定立刻面对"汤姆问题"。在和新学生初步了解时，她这样说："罗丝，你穿的衣服真漂亮。爱丽西亚，我听说你画画很不错。"当念到汤姆时，她直视着汤姆，对他说，"汤姆，我知道你是个天生的领导人才，今年我要靠你帮我把这个班级变成四年级最好的一班。"在开学的几天里她一直强调这点，她夸奖汤姆所做的一切，并说他的行为反映出他是一位很好的学生。而汤姆，也收敛了自己的行为，真的变成了霍普斯金太太口中的好学生。

住在纽约白利斯德路的琴德太太是我的朋友，她刚和一个女佣谈好，并告诉她下周一来家里工作。女佣来之前，琴德太太打电话给那女佣的前任雇主，想对她的情况有更细致的了解，结果从那位太太那里得到的几乎都是对那个女佣的不满。在女佣来到家里的第一天，琴德太太说：

"妮莉，前天我打电话给你之前服务的那家的太太。她夸你诚实可靠，厨艺极佳，而且很会带小孩。不过她说你平时不太注意卫生，房间总是收拾不干净。但显然她说得不对，今天一看你的衣着就知道，你是个很讲究很整洁的人。我敢肯定，你一定能把房间收拾得像你本人一样干净整洁。而且我相信咱们一定能相处愉快。"

结果她们的确相处得不错，妮莉为了顾全她的名誉，不让琴德太太失望，每天都把屋子收拾得很整洁，她宁可辛苦些，多费点儿功夫，也不愿意破坏琴德太太对她的好印象。

作为包德文铁路机车工厂的总经理，华克伦曾说过这样的话："大多数人都会愿意接受指导，只要是你对他表示尊敬，并且对他的特殊才干表示由衷地称赞的时候。"

著名的星星监狱的监狱长洛斯说："如果你不得已需要和盗贼周旋的话，制服他的办法只有一种，那就是把他视为一个正人君子，并像对待正人君子那样对待他。为此，他定会受宠若惊，并且会因为受到信任而非常自豪。"

Lesson5
高效沟通

1. 记住别人的名字

每个人在潜意识里都认为，在这个世界上，自己的名字听上去最重要、最亲切。所以，记住别人的名字可以让我们顺利地获得友谊、得到新的合作伙伴，并达成自己的目的。

关心别人最能让人感动，而了解别人是关心别人的前提。这在人与人交往的过程中是必不可少的。而我们首先要做的，就是记住别人的名字，这是很重要的。要想获得他人的好感，这是最简单有效的一种方法。每个人最在意、最喜欢、最需要他人尊重的，就是自己的名字。记住并喊出别人的名字，就相当于赞美别人。记错或忘记别人的名字会给我们的讲话造成不利的影响。

在这个世界上，只有少数天才天生就能记住别人的名字，大多数人都需要有意识地去培养才能做到这一点。而这种习惯一旦养成，就会让你在人际关系和社会活动中受益匪浅。因为，每个人在潜意识里都认为，在这个世界上，自己的名字听上去最重要、最亲切。所以，记住别人的名字可以让我们顺利地获得友谊、得到新的合作伙伴，并达成自己的目的。

拿破仑与部下的关系就是最好的例子。对于手下的每一名军官，拿破仑都能一一叫出他们的名字。如果拿破仑在军营里走动时，偶然碰到某个军官，他就叫他的名字跟他聊天，谈论这个军官曾参加过的某场战斗，或者与他有关的军事调动。拿破仑会经常向他的士兵询问关于他们的家乡和亲人的事情。拿破仑对他们的关心让他们感到受宠若惊，因而每个人都对拿破仑忠心耿耿，愿意为他效劳。

不管是出于礼貌还是必要的感情投资，我们都应该记住他人的姓名。在当众讲话中，记住别人的名字会给我们带来意想不到的收获。有

一次，一家电器公司的董事长请经销商和代理商吃饭，在饭前，他暗暗地让秘书把每位客人的名字按座位一一记下。饭桌上，这位董事长在跟客人交谈时随口就可以叫出每一位来宾的名字，令在座的每个人都非常吃惊，他因此顺利地谈成了这笔生意。

在一次宴会中，我的座位被安排在主持人旁边。我很快就发现，那位主持人对宴会上的每一个人都充满了好奇。他一直缠着宴会的主人问来问去，那个穿蓝色西装的男人叫什么名字，那个戴着花帽子的女士是谁。主持人何以如此好奇呢？谜底在他站起来说话时解开了。他聪明地把打听到的名字编入自己的讲话中，而听到自己名字被叫出来的人都显得十分开心。他利用这个简单的技巧赢得了听众的支持，并使自己迅速进入了状态。

法兰克·裴斯是美国通用动力公司的总裁，他在演讲中也曾使用过记住并叫出别人名字的方法，并取得了很好的效果。在纽约"美国生活宗教公司"一年一度的晚宴上，他发表了演说：

"今晚，我有很多理由高兴。首先是师罗伯·艾坡亚先生，他是我的牧师，现在就坐在听众席里。他的一言一行以及所有的一切，都给我和我的家人甚至所有大众以启示和激励。然后是路易·史特劳斯和鲍伯·史帝文斯两位先生，他们二人对公共事业的热忱将他们对宗教的热诚充分表现了出来。在他们二人中间坐着的，是给我带来莫大欢乐的……"

需要注意的是，如果我们所使用的名字是从别人那里打听来的，就必须保证自己不会把它们弄错，并且知道自己该在什么样的情况下使用它们，而且还要确保自己提到它们的方式是友好的。

对政治家来说，记住别人的姓名是他们需要学习的第一课。能记住选民名字的政客通常会被认为是有政治才能的人，否则就是心不在焉。美国总统的智囊团中，就有一个专门负责替总统记住每个人名字的人。他的工作内容就是，在总统要跟某人见面之前，提醒总统此人叫什么名字。这样，那个被总统叫出名字的人会因此而兴奋不已，比以前更加坚定地支持总统。

对每一个人来说，记住并运用别人的名字都是一件很重要的事。对我们来说，与我们交往的人的名字是专属于他自己的，任何人都不能代替。名字可以让一个人显得与众不同。

2. 让对方感觉那是自己的观点

我们谁也不希望被迫去买一样东西，或是被命令去做一件事。我们更倾向于按个人意愿买东西，或是依自己的心思去行事。同时，我们希望别人来征求我们的意见，而不是强制我们接受他们的意见。

与从别人那里听来的相比，我们是不是更相信自己的发现？果真如此的话，我们若把自己的观点强加给别人，岂不是自讨苦吃？相反，如果我们只是简单地提出自己的意见，随后引导启发别人自己得出你希望他得到的结论，效果就会非常好。

比如，我们训练班上有一位来自费城的赛尔兹先生，他突然觉得有必要给公司的一群汽车推销员重振一下士气，因为他们看起来实在是精神涣散、令人沮丧。他把推销员们召集在一起，并让他们说出希望从他身上得到什么。会上，他把员工们的说法一一列在黑板上，然后他说：

"我会把你们所期望的这些做法和品质全部兑现，但同时我也希望你们告诉我，你们能展现给我什么呢？"很快就有人说出了令人满意的答案，即忠心、诚实、乐观、进取、合作、每天都保持积极的工作态度，甚至还有人决心要每天工作14个小时。会议结束后，员工们又重新燃起了工作的热情，赛尔兹先生欣喜地说，他们目前的销货量激增，公司业务也是蒸蒸日上。

赛尔兹先生说："我和他们进行了一次精神上的交易，并且由此达成一种默契。我尽我所能地按他们期望的那样去做，他们也会尽力地对我信守诺言。刚开始我没有给他们直接提出我对他们的要求，而是通过让他们给我提要求，使他们更加严于律己。"

正是这样，我们谁也不希望被迫去买一样东西，或是被命令去做一件事。我们更倾向于按个人意愿买东西，或是依自己的心思去行事。同时，我们希望别人来征求我们的意见，而不是强制我们接受他们的意见。

长岛有一位汽车商，曾用这个方法成功地把一辆二手车卖给了一个苏格兰人。起初这位汽车商带那个苏格兰人看了各种款型的汽车，把每一种车的性能、优势都对他做了详尽的介绍，并不断给出他认为合理的建议。结果买主却始终不满意，不是嫌这辆车不美观，就是说那辆车某个地方设计得不够结实、很容易损坏，再不然就是嫌价钱太高。这位无可奈何的汽车商，便在班上问大家此事该怎么解决。我们建议他不必告诉对方哪一种牌子的汽车更好，要让他自己拿主意。

过了几天，有一位顾客想把他的旧汽车换一辆新的，汽车商于是想到那个苏格兰人可能会喜欢这部汽车。他打电话跟那个苏格兰人，说是请他帮忙给点建议。

那个苏格兰人赶来后，汽车商说："我想你肯定是个精明识货的买家，帮我给这部二手车估个价吧，以便我在交换新车时心里有数。"

苏格兰人的脸上立刻有了笑意，看上去仿佛对此很得意。他坐进车内，驱车在附近兜了一大圈。开回来后，他胸有成竹地说："这部车子，如果你能以300美金买进，那就很划算了。"

汽车商问他："如果我以这个价位转手卖给你，你是否要买下它？"300美金？当然要啦，那可是他自己的估价。于是这笔生意就这么成交了。

威尔逊总统入主白宫之后，其在国内外事务上的许多决策都会与郝斯上校探讨，郝斯上校对于威尔逊总统的重要性已经远远超过了内阁成员。

威尔逊总统为何会对郝斯上校如此器重呢？在一个偶然机会中，郝斯上校曾向史密斯透露过这个秘密，而史密斯在《星期六晚报》撰文时引用了郝斯的原话。

郝斯说："和总统相处久了我逐渐发觉，想让他采纳你的建议的最好方法就是不经意地将某种观念移植到他的心里，使他发生兴趣，他会因此经常想到它。最开始这种方法奏效时，连我自己也没有料到。

"有一次我到白宫拜访他，劝他尽快把某项政策付诸实施，但他似乎并不十分赞同这个政策。几天后我们再次会面时，我吃惊地听到威尔逊总统把我曾向他提议的那项政策提了出来，并表示那是他自己的想法。"

郝斯上校有没有打断总统跟他强调说那个想法本来是他提出的，并非总统的意思？当然没有，郝斯上校绝不会那样做，他不在乎是谁提出的政策，他只在乎这个政策是否能最终被执行，所以他听到总统的话后还公开对总统的睿智表示欣赏。

说不定明天我们见到的人就会像威尔逊总统那样，所以我们要记住，想说服他们就要用郝斯上校的方法。

3. 批评的艺术

在某些时候，虽然你的意见是对的，可是对方却不能接受，因为，指责和被指责的过程往往是在剑拔弩张的气氛中进行的。

俗话说："良药苦口利于病，忠言逆耳利于行。"对于别人的批评，人们往往不愿意接受。那么，有没有一种方法，使忠言变得顺耳，让人们能够愉快地接受呢？

我们常常会看到，并非所有的意见都可以被别人接受。在某些时候，虽然我们的意见是对的，可是对方却不能接受，因为，指责和被指责的过程往往是在剑拔弩张的气氛中进行的。实际上，人们的心理都是共通的，人们都强烈地希望自己能够被身边的人所尊重，最难以接受的事莫过于被人轻视。

爱波特是英国的一位行为学家，他曾经说过："当下级受到上司的批评时，他们总是第一时间就在脑海里搜集反驳批评的论据，所以往往只能记住开头的几句话，而不会注意去听后面的话。"所以，掌握好批评这门艺术是很重要的。

记住一点，永远躲开正面的批评。如果确实有批评的必要，我们不妨去暗示对方。正面的批评，会毁损他人的自重，伤害他人的自尊。如果我们用旁敲侧击的方法，使对方知道你的用心良苦，他不但会接受，而且还会感激你。这才是批评之道。

富兰克林年轻时就曾犯过这种错误。后来，在他的自传中，回忆了自己是怎样改正各种不良习惯，并最终成为出色的外交官的。当富兰克林还是一个不断犯错的年轻人时，一位他很尊敬的教友会里的老教友曾把他叫到一边，语重心长地对他说：

"本，你真是太不应该了。只要有人说错了，或者与你有不同意见，你就会毫不留情地攻击对方。现在谁还会在乎你的意见？大家都发

觉你不在时，他们才更开心。你懂得太多了，没有人再能教你什么。其实，也没人会再告诉你什么。你除了目前有限的见识外，不会再有什么进步。"

据我所知，富兰克林的成功，与那位老教友推心置腹的告诫关系密切。那时富兰克林已经能够成熟地思考这其中的道理。他发现，如果自己不痛改前非，必会遭到朋友的唾弃。所以，他把自己过去所有的不妥之处迅速地改正了。

富兰克林说："从此，我立下了一条原则，决不固执己见，决不正面反对或攻击别人的意见。凡是语气武断的用词，诸如'当然''千真万确'等话，我都要慎用，而尽量使用诸如'我推断''据我所知'等语气温婉的词。当别人指出我的错误时，我不准自己立刻就反驳对方，而是婉转告知，在某一种情形下，他所指的是对的，但是现在或许有所不同。不久，我就感觉到了新的态度给我的生活带来的改变。我在进行任何一次谈话的时候，大家彼此都感到很融洽、很愉快。我谦虚地表达自己的见解，他们会更容易接受。如果自己出了错，我也并不感到很难堪。如果恰好我是对的，在说服对方接受我的观点时，也更为容易。

"刚开始尝试这种做法时，我确实觉得这和自己的秉性有很大冲突，但时间一长就习惯成自然了。50年来，估计已没有人听我说过武断的话。也正是由于这种习惯，使我提出每一项建议都获得人们热烈的支持。我不善言辞，口才一般，用词也不够生动，说出来的话也未必得体，但通常这些意见都能获得人们的赞同。"

斯瓦伯也很懂得这个道理，他正是用旁敲侧击的方法使工人们接受了自己的意见。

一个中午，斯瓦伯到他的一家钢铁厂去，刚好碰到几个工人在抽烟，而"禁止吸烟"的牌子正挂在他们后边的墙上。斯瓦伯没有指着牌子斥责他们说："难道你们不认字吗？"不，斯瓦伯当然不会那么做。他只是拿出烟盒，递给他们每人一支雪茄，说道："嘿，伙计们，别谢我给你们雪茄，要是你们到外面吸烟，我就更高兴了。"

那些工人自知理亏了——他们钦佩斯瓦伯，因为众人不但没有受到责罚，还得到了一支雪茄和友好的建议。这个友好的建议工人们也会永远铭记。看，这是一种多么高明的手法啊！

4. 错了要主动承认

当你错了的时候——这种事情总是频繁地发生——如果你对自己诚实的话，就应迅速、坦白地承认错误。运用这种方法，你不但能获得惊人的收获，而且在很多情况下，这比辩护要有用得多。

假如你做得不对，就要马上承认错误。主动地认错、道歉比被动地接受批评更容易得到别人的谅解。认为自己总是正确、从不犯错的人，是很难交到知心朋友的。

哈威·布朗就成功地运用这种方法纠正了自己的错误，老板不但没有不满，反而更加器重他。事情是这样的：

由于疏忽，哈威·布朗批准给一个请假员工发全薪。发现这个错误后，哈威马上找到这位员工，并解释说必须在下次薪水支票中减去这项多付的金额。但员工说这样会给他带来严重的财务问题，因此请求公司分期扣回。

这种情况必须获得上级的批准才能实施。哈威说："我知道老板一定会不满。这一切混乱都是我造成的，我必须在老板面前主动承认。

"我走进办公室，告诉老板我犯了一个错误，然后述说了整个情形。老板大发脾气说这是人事部的错误，但我重复说这是我的错误。他又大声地指责是财务部的疏忽，我又解释说这是我的错误。他又责怪办公室的另外两名同事，但我仍说这是我的错误。最后他看着我，说：'好吧，既然是你的错误，就让我们来把这个问题解决掉吧！'

"这项错误改正过来了，没给任何人带来麻烦。我觉得我做得不错，因为我妥善地处理了棘手的问题，并且有勇气主动承担后果。从那以后，老板也比以前更加看重我了。"

因此，当你错了的时候——这种事情总是频繁地发生——如果你对自己诚实的话，就应迅速、坦白地承认错误。运用这种方法，你不但能获得惊人的收获，而且在很多情况下，这比辩护要有用得多。

　　我虽然住在纽约的市中心，可是从家走到附近的一片广阔的大树林却只有一分钟的路程。春天的时候，树林里遍布着盛开的野花，松鼠在那里筑巢育子，马尾草长得有马头那么高。这块完整的林地，人们把它称作"森林公园"。

　　那真是一片原始森林，或许跟哥伦布发现美洲时所见到的没多大区别。我经常带着那只波士顿哈巴狗雷克斯在公园里散步，它是一只没有攻击性的小狗，可爱而驯良。由于公园里人并不多，所以我从不给雷克斯系皮带或戴口笼。

　　有一天，我和雷克斯看到一个骑马的警察，一个急于要显示他权威

的警察。

他向我大声说："你让那只狗在公园乱跑，而且既不系皮带也没戴口笼，这是违法的，难道你不知道吗？"

"是，我知道，"我轻声回答，"不过我认为它不会咬人的。"

那名警察严厉地说："你认为！你认为！法律面前可不管你是怎么认为的。你那只狗没准会伤害到松鼠，或者咬伤儿童。这次我就不追究了，若下次再发生这种情况，你就得上法庭理论了。"

我点点头，答应遵守他的话。

我是真按照那警察的话做了——不过只遵守了几次。原因是雷克斯不喜欢在嘴上套个口笼，我也不忍心总是给它套那个。于是我怀着侥幸心理一切照旧。前几回都没什么事，直到那次，我带雷克斯跑到一座小山上，朝前面看去，一眼就看到那个骑马的警察。雷克斯当然不会意识到发生了什么，它蹦蹦跳跳地跑在前面，直向警察那边冲去。

我暗想这回糟了，所以还没等那警察开口，就干脆自己认错说："警官，我愿意接受任何处罚，你上次警告过我不能再犯。"

警察则语气温和地说："哦，我也发现在没有人的时候，把小狗放出来在公园里遛一下，是挺有意思的事！"

我苦笑了一下，说："是的，挺有意思的，但毕竟触犯了法律。"

没想到警察却说："这种小哈巴狗，应该不会有什么攻击性吧！"

我也表现得很认真地说："可是，它可能会伤及松鼠！"

警察却对我说："其实事情没那么严重。这样吧，只要你让那只小狗跑过山那边我看不到的地方，这件事也就算了。"

这个警察与普通人一样，他需要得到一种受重视感。当我主动承认错误时，他则表现出宽厚的态度，显示出他的仁慈，这也是唯一能使他的自尊心获得更大满足的方式。

如果我跟那个警察争辩，后果将不堪设想。

我不会和他发生正面冲突，我承认他的绝对权威，而我是绝对地犯规。我勇敢而坦白地承认错误，我们各得其所，事情便圆满地结束了。这个警察表现得那么仁慈，而就在上次，他还严厉地用法律来吓唬我。

假如你已知道错在自己，受罚在所难免，这时候与其听到别人的批评还不如先勇敢承认错误。你要是知道某人很可能会责备你，就干脆找个机会把对方想要说的话你先说了，这样他反而就不好意思再多说什么了，于是你多半可以获得他的谅解。正像我和雷克斯遇到的情况一样。一个人有勇气承认自己的错误，不但可以消除内心的愧疚和罪恶感，还有助于解决错误所造成的问题。问题既得到解决，内心又坦坦荡荡，何乐而不为？

认错道歉时，态度要诚恳，没有必要过多地强调客观原因去替自己开脱。如果有某件事情非得解释清楚不可，也要先真心诚意地道歉，然后再稍微做些解释。一开始就喋喋不休地说自己的理由，会令裂痕扩大，使隔阂加深。

当对方的气还没有消，什么话都听不进去时，你可以先让第三方帮助转达你的歉意，等对方不再生气之后再亲自道歉。在两个人僵持不下、水火不容的时候，如果一方肯退让一步，主动表示歉意，就能打破紧张的局面，使两个人重归于好。

道歉时，语气要温和，态度要坦诚，要善意地看着对方，尽可能使用像"包涵""打扰""得罪""指教"等这样的礼貌用语，但一定要让自己的态度明朗，千万不能啰里啰唆，抓不住重点。当对方也对你表示谅解，你就达到了道歉的目的。

当然，在自己没有错误的情况下，也没必要为了息事宁人而道歉。无论对任何人来说，这种没有骨气的道歉都是没有好处的。对于遗憾和道歉两者之间的区别，我们也要弄明白。假如你是一位主管，你可以对必须辞掉的下属表示遗憾，但不需要道歉。

通常情况下，如果能做到在应该道歉的时候道歉，在应该赞美的时候赞美，你就可以赢得别人的友谊和信任，使别人愿意与自己配合，从而达到自己的目的。

5. 保全对方的颜面

的确，人性的一大弱点就是爱面子。可是，你不能只爱自己的面子，而不给他人面子。每个人都有最后一道心理防线，一旦你不给他人退路，不让他走下台阶，他就只好使出最后一招——"自卫"。他这种"自卫"不但不能保护他自己，还有可能伤了你。

在演讲时，切忌图一时之快而对对方进行公开指责，使对方颜面无存。你可以多学一学在公众场合给人保留颜面的方法，以便你可以在别人陷入尴尬的境地时为他适当地提供一个"台阶"来下。这既能让你得到对方的好感，又有助于你建立一个良好的形象。

每个人在公共场合，都格外注意自己的形象。当人们把自己展示在公众面前的时候，会表现得比平时更虚荣和自尊。如果你在这个时候令他颜面扫地，会使他对你产生比普通情况下强烈得多的反感，甚至会恨你一辈子。同理，如果你帮他保存了颜面，他对你的好感会更强烈，对你的感激也会加倍。

第二次世界大战结束后不久，我在伦敦获得了一个极宝贵的经验。

那时，我担任澳洲飞行家史密斯的经理人，他在大战期间曾担任澳大利亚代表在巴勒斯坦做飞行工作。战事结束，世界和平后没过多久，史密斯用了30天时间绕地球半周。这件事震惊了世界，澳洲政府给他颁赠了5万美元奖金，同时他还得到了英王授予的爵位。在那段时间，史密斯爵士成为大英帝国的一个备受瞩目的人物。他被誉为不列颠王国的"林白"。记得在一次欢迎史密斯爵士的晚宴上，我旁边坐的一位来宾讲了一个很有趣的故事，当时他还引用了句名言。

他说那句名言出自《圣经》，我一听就知道他错了，那明明是莎翁作品里的话。一种想显示自己博学、优越的心理抓住了我，我迫不及待且毫无顾忌地指出了他的错误。而那人却不承认，他说："什么？莎士比亚？不是吧，绝对不可能。是《圣经》里的，没错！"

坐在我左边的是我的老朋友贾蒙。贾蒙研究莎士比亚作品已经好多年了，所以我和讲故事的那位来宾都同意由贾蒙来裁决。贾蒙静听了一会儿，在桌下用脚踢了我一下说："戴尔，是你记错了，这位先生才对，那句话是出自《圣经》。"

在回家的路上，我对贾蒙说："怎么是我记错了呢？那句话你不可能不知道是出自莎士比亚的作品啊！"

贾蒙笑笑说："那的确是出自莎翁作品里的，是《哈姆雷特》第五幕第二场里的句子。可是你肯定明白，戴尔，我们作为宴会上的客人，非要找出一个证明去证实别人无意中的差错吗？这样做人家还会对你产生好感吗？给他留点面子有什么不好呢？他当时又没有征求你的意见，也不要你的意见，你何必跟他争辩？最后我要说，戴尔，正面冲突永远都要避免才行。"

的确，人性的一大弱点就是爱面子。可是，你不能只爱自己的面子，而不给他人面子。每个人都有最后一道心理防线，一旦你不给他人退路，不让他走下台阶，他就只好使出最后一招——"自卫"。他这种

"自卫"不但不能保护他自己，还有可能伤了你。

当众讲话也是如此，有时候一些人会口不择言，毫不留情地批评一通，使他人颜面扫地。被批评者会怎么做呢？会接受对方的批评、改正错误吗？还是干脆一错到底呢？也许这些人该换个方式，在指出错误的同时也为别人保全颜面。看看下面这个故事，你会有什么启发？这是宾夕法尼亚州的佛瑞·克拉克在我的培训班上讲述的，故事发生在他的公司。

"有一次，一位副董事长在生产会议上当着所有人的面，以非常尖锐的口气，质问一位非常敬业、专业水平也很高的主管，这位主管负责管理生产过程。董事长的语气中充满了火药味，他的目的就是要让那位主管难堪。这位主管为了在众人面前保留一点儿面子，回答得很含糊，却使董事长更加生气，他严词斥责了这位主管，指责他没有说实话。这位主管脸色难看极了，只是没有当场发作。

"他本来是一个很称职的员工，但从那以后，他不再有任何工作热情，业绩也直线下滑，他对公司已经毫无贡献。过了几个月，他去了另一家与我们竞争的公司，并且在那里干得非常出色。"

看看这个故事的结局，公司得到了什么好处？一位优秀员工的工作积极性因此消退，不久就跳槽到了别的公司。可见，当众责怪他人不仅不能达到讲话的目的——有效沟通，反而会起到反作用。

真正伟大的人物，不会只强调自己的成就，而忽略对方的颜面。举例来说，1922年，在经历了数百年的敌对和争战之后，土耳其人决定要把希腊人驱逐出境。土耳其总统凯摩尔沉痛地对士兵说："你们的目的地，就是地中海。"正是这样一句话，使得一场近代史上最激烈的战争开始了。结果，土耳其获胜。当希腊的两位将军提克彼斯和狄奥尼向凯摩尔请降时，遭到了所有土耳其民众的谩骂。

但凯摩尔没有显出一点儿胜利者的气焰，他握着两位将军的手说："两位请坐，你们一定很累吧！"凯摩尔跟他们聊了聊战争情况后，为了安抚他们，他说，"其实战争和竞技比赛一样，即使是高手也难免会遭遇失败。"

凯摩尔即使是在全面胜利的大好局面下，依然没有忘记一点，即：保全对方的颜面。

6. 采取迂回之策

俗话说"条条大路通罗马"，我们又何必总执着于走那条最直的路呢?

开门见山，直截了当，也许能把事情说得更透彻，但却不容易使对方接受。这时，我们不妨采取迂回之策，绕道而行。因为如果对方的态度很难改变，正面的说教早已无济于事，与其和对方正面交锋，不如另辟蹊径，软化他强硬的态度。

我曾在费城举办过训练班，而费城华克公司的卡伍先生是班上的一个学员，他是像你我一样的普通人。下边的故事就是他在班上讲述的。

华克公司在费城承包了一座办公大厦的建筑工程，而且竣工日期早已确定。每一件事情都按部就班地依计划进行，眼看建筑主体就要完成了，谁知这时出了状况，负责大厦铜器装饰的承包商说他不能如期交货。什么? 这样整个工程进度将被迫拖延! 而这也意味着，他们需要支付巨额的赔偿。而造成这样惨重的损失都是因为这一个环节。

毫无疑问，华克公司很生气，卡伍的同事多次打长途电话与承包商交涉、责问，但都毫无用处。于是卡伍被派往纽约，与厂商当面交涉。

走进这位经理的办公室，卡伍这样说:"你知道吗? 在勃洛克林市中，你的姓氏是绝无仅有的。"经理闻听此话，十分意外，他摇摇头说：
"哦，是吗？我还真不知道这个。"

卡伍说："刚下火车时，我查电话簿找你的地址，结果发现勃洛克林市里，叫这个名字的只有你一人。"

那位经理说："这个我从来都没有留意过。"于是他也颇有兴致地翻看电话簿，果然如此。然后这位经理充满优越感地说，"嗯，我的姓氏的确是不常见。我的祖先移民纽约已有200年了，而他们曾经生活在荷兰。"接着他饶有兴味地谈起了他的家世渊源。

这个话题谈完之后，卡伍又真诚地称赞他们这个铜器厂的规模真大，还表示这是他见到过的各方面都非常完善的一家工厂。

那位经理说："为了这个厂，我几乎花了毕生的精力，当然，这也是我引以为傲的。你想参观一下吗？"

参观期间，卡伍对工厂的组织系统啧啧称赞，还和其他同类工厂做比较，并指出在哪些方面这个工厂更胜一筹，还盛赞其中几种特殊机器，而那几种机器恰恰是经理自己的发明。他为向卡伍说明机器的性能和使用方法，花了很长的时间，后来竟坚持请卡伍共进午餐！而你也一定注意到，卡伍到目前为止，仍未提到此次的来意。

午餐后，那位经理说："言归正传。你此行的目的我自然很清楚。但我没想到的是，我们的会谈竟这样愉快。"他笑容可掬地接着说，"我向你郑重承诺，待你回费城后，货物会准时运达，就是因此做不成其他生意，我也在所不惜。"

卡伍没有争吵或请求就达到了他的最终目的，那些原本要延误的铜器，最后都如期运到，建筑工程也按时竣工。试想，假如卡伍像我们通常所做的那样严厉催货，结果会怎么样？

这样的例子有很多。俗话说"条条大路通罗马"，我们又何必总执着于走那条最直的路呢？

有一次，一个无神论者以挑衅的态度，要求威廉·巴利讲一讲无神论错在哪里。巴利安然地拿出一个表盒，把它打开，然后说：

"如果我跟你说，表里面的这些小杆、小轮和弹簧自己创造了自

己，并将自己拼凑在一起，然后自己开始转动，你一定会认为我脑子有问题。那么，让我们抬头看看天空中的这些星星，每一颗都有自己特定的轨道，地球与其他行星一起每天以百万多里的速度围绕着太阳运动。

"从另一个角度看，每一颗星星都是一个'太阳'，领着自己的世界像太阳系一样在太空中往前奔去，互相之间却从来没有发生干扰和碰撞，一切都是如此井然有序。难道你相信这样的现象是它们自己发生的吗？"

每个人都会认为自己的观点是正确的，当双方的意见不同时，如果直接反驳对方，往往会使气氛紧张，收不到良好的效果。因此，巴利没有一开始就反驳无神论者，而只是列出了一些与这位无神论者已经相信的事实相类似的观点，这样便会使他易于接受和信服我们，从而避免相反或对立的观念在他脑海里滋生，破坏讲演或谈话的效果。

试想，如果巴利一开始就说："什么？没有神，你在胡说什么！"结果会怎样？一定是一场口舌之战，既火爆又毫无意义。这位秉持着无神论观点的先生可能会拍案而起，像一只愤怒的老虎一样，疯狂地为捍卫自己的观点而战。原因就是自己的意见被粗暴地否决使他觉得自己的自尊和骄傲受到了威胁和挑战。

巴利巧妙地展示了他对人的尊严的尊重。然而大多数人都缺乏这种细致。他们误以为，要攻夺城堡，就必须对它猛轰，自正面攻击，把它夷为平地。结果如何？敌意一旦产生，吊桥即被收起，大门紧闭上闩。身披盔甲的弓箭手拉开了长弓，口舌之争和令人头破血流的战争一样。这般的逞勇斗狠，最后总是以平手结束，无一方能够说服对方一丁半点，更不用说使对方信服了。

Lesson6
即席演讲的艺术

即席演讲应遵守以下四点，即：上台时要从容，构思时要镇静，发言时要热诚，演讲时要大方。

许多有过当众讲话经验的人都认为，没有比即席演讲更令人恐惧的了。

对于即席演讲这件事，很多人似乎已经习惯于过度反应了。但事实上，它并不像想象中那么困难和可怕，我们完全没必要在面对它时如临大敌。即席演讲有许多种形式，广泛来说，我们平时与人交谈便是一种非正式的即席讲话。你说一句，我说一句，对话的双方都没有进行事先准备。在做这种对话时，我们都感觉很轻松，但为什么一到即席演讲时我们就会变得很紧张呢？这两者的差别就在于，公众场合的即席演讲相对于我们平时的即席发言来说，较为正式。其实，它们是共通的。明白了这一点，我们就能摒弃以前对即席讲话的恐惧心理了。

实际上，在事先没有准备的情况下临时发言，每个人都或多或少地会有一些紧张，只要不让自己紧张得语无伦次或张口结舌就行了。有时，一定程度的紧张反而有利于演讲，使演讲人更容易获得听众的认可。因为一个人在紧张的时候更能表现出他的热情与坦诚。毕竟，相对于正式的公共演讲来说，听众对于即席演讲者总是更宽容一些的。

即席演讲应遵守以下四条标准，即：上台时要从容，构思时要镇静，发言时要热诚，演讲时要大方。当你在没有任何心理准备被邀请上台讲话时，第一步就是保持镇静，这也是最重要的，你一定要从容不迫地接受这个意外的"挑战"，不要让自己被紧张牢牢抓住。所以，第一条"上台时要从容"（有时不需要上台，在自己座位上端坐或立起即可）是非常关键的，它代表着你在任何时候都能镇定自若的素养——你必须跟自己说："没有什么大不了的，不过是临时讲几句话而已，有什么可害怕的呢？"做完这种心理暗示之后，你就能带着自信的微笑，悠然地上台讲话了。

你在做好第一个步骤的同时，也要做好第二个步骤——镇静地构思好自己要讲的内容。这两件事需要你同时去做，并同时完成。不管是否在正式的场合，这第二个步骤完成的质量都直接决定着你这次讲话的成败。

事实上，虽然是"即席讲话"，但一般来说，演讲人还是可以利用从被邀请发言到走到适当的地方站好这段时间来做一些准备的。虽然只有短短的30秒左右的时间，但对于有经验的演讲者来说，这30秒钟极其宝贵，他的头脑会在这段时间里快速运转，展开构思。这也许就是"即席讲话"如此令人着迷的原因。

怎样在最短的时间内镇静而迅速地确定自己要讲的题目和内容，是即席讲话最困难的地方，所以，能否做好"临场构思"直接决定了演讲的成败。

首先，你要立即确定自己演讲的内容、立场、要表达的主旨和想达到的目的。你可以把鼓励、说服、娱乐听众和向听众传达某种信息几个选项的其中之一作为演讲的目的，进行发言，同时要迅速确定你所想要展示给听众的你的立场和观点。这种即席讲话一般来说只有短短的几分钟，所以你必须使你讲话的焦点集中于关键的几点上，就算有再多的东西想说，也不可长篇大论地说些内容空泛的话，一定要让你的演讲重点突出，精确凝练，具有实际意义。

其次，要在时间允许的范围内，把演讲的内容和主要的框架按照开场白、主体、结尾的顺序条理清晰地构筑起来。

再次，要懂得利用现场的各种资源来表达你的想法，例如，你可以从其他演讲者的讲话中找出与你所要讲的话题有某种奇妙联系的词语，并对其进行评述，也可以描述一下现场的哪些布置给你带来了怎样的联想。这样聪明的表现会令你的演讲富有感染力，更容易获得听众的认同。

然后，你要养成随时随地都能思考的习惯，训练自己边讲话边构思的能力。在时间允许的情况下，你可以把自己上台前临时想出来的主要论点的关键字写在小纸条上，在构思的过程中，运用联想、发问、归纳、推理、对照、引述、比喻和举例等各种手法拓宽自己的思路，并连接讲题，这样，只要不是特别艰难生涩的话题，你讲起来都可以口若悬河，妙语连珠。

最后，如果你能按照前面所讲的方法，下苦功夫，经常读书和思考，多多观摩和演练，一段时间之后，你就会有足够的信心和能力成为一个出色的即席演说家。

Lesson7
谈判技巧

在谈判中，不管你使用什么方法，不管你在事先做了多么充分的准备，不管你有多大的信心获胜……所有这些都必须通过你的语言来表达。

当众讲话的形式之一是谈判。简单来说，谈判就是指有利益纠纷的双方或多方，通过对话的方式，就他们共同关心的问题进行磋商，寻求解决问题的有效途径，以便最后达成协议的过程。一般而言，谈判都有明确的目标或议题，且对谈判双方而言都意义重大，所以要求谈判者必须认真对待。

责任感和使命感是一个谈判者必不可少的素质。为了完成自己的责任和使命，谈判者需要付出的劳动量是巨大的。首先，必须大范围地搜集各种相关的信息和资料；其次，要细致而耐心地处理剩下来的琐碎工作；最后，还要全方位多角度地对谈判中可能出现的问题进行科学的分析。

在谈判中，不管你使用什么方法，不管你在事先做了多么充分的准备，不管你有多大的信心获胜……所有这些都必须通过你的语言来表达。可以说，谈判能否成功，关键在于你的语言。如果你在谈判桌上张口结舌，对自己的立场和观点表达得不清不楚，或者，面对对方凌厉的攻势，找不到反驳的话来还击，那么你必输无疑，无论使用什么方法，都无法挽回败局。

　　知己知彼，百战不殆，这句话在谈判中同样适用。只有充分了解了你的对手，你才能知道用哪种方式来反击他最为有效，使自己在谈判中占据主动。要想充分了解对手，你必须首先弄清楚你的对手是哪一种类型的人，这样你就能够采取行之有效的手段，命中对方的要害。所以，在谈判开始之前，先对对手做一番充分的了解，再根据对手的类型制订谈判的方案，是非常重要的。

1. 强硬型谈判者

很多人喜欢装腔作势，在谈判中威胁、恫吓对手。这种人就是强硬型谈判者。这种人在谈判中总是情绪激烈、态度强硬、狂妄自大，从来不会耐心地听对方说话，只是一味顺着自己的思路一厢情愿地判断问题，觉得对方不知满足。并且他们对自己的这种愚蠢的主观认识非常欣赏，在谈判桌上频频使用。假如你不幸遇到了这种类型的对手，最好做好应付尴尬场面的准备，而且要耐心而义正词严地说出你的理由。

强硬型的谈判者总是盛气凌人、不甘示弱。他们中有的人对你的话不做回应，有的人则干脆一口拒绝，没有任何回旋的余地。就算有时他们不那么强硬，答应将重新考虑你的意见，也不会把承诺记在心里，如果你毫不放松，一直追着要求他实现诺言，他绝对会一口咬定自己没有给过你任何承诺，或者干脆利落地回答"不"。

一般来说，在这种人如此强硬的背后，有两方面的原因。一方面可能是他们拥有很大的优势，另一方面则可能是他们的性格使然。自身拥有优势的人总认为自己奇货可居，要待价而沽，以使自己能够得到最大的利益。

对这样的人，我们自有一套应付的方案。在这个世界上，每一件事情都存在相互矛盾、相互依存、相互转化的两个方面，有时，不利也可以变为有利。既然能坐在一起谈判，就意味着双方有利益交换的可能，相互之间都是有用的。这就为你对对方做出有组织、有目的、有计划的反击提供了可能。

但是，我们在进行反击之前，首先要弄清楚他为什么如此强硬，是上级领导让他这样做的，还是出于一种谈判技巧的需要？或者，这只是由于谈判者的个人性格和一贯作风造成的？只有把这些情况都摸清，才能从容不迫地对其进行有力反击。

在这种类型的谈判者中，还有一类人，尤其喜欢以攻击作为谈判手段。他们的方法就是对对手进行猛烈攻击，逼迫对手让步，从而达到自己的目的。对付这样的对手，有一种方法很有效，就是避开他的锋芒，向他致命的地方发起攻击。

一般的强硬型谈判者喜欢使用防御姿态来坚持自己的原则和立场，而攻击型谈判者更愿意有针对性、有目的地向对方发起进攻，令对方没有还手之力，迫使对方屈服。

我们总能找到理由对攻击型对手加以反击，因为我们总能在他们的观点里找出不合理的地方。但是，该如何对他的缺点进行反击，是一个很大的问题。

比如说，在你开车去某一个地方的路上，车突然坏了，你需要找一个修车匠来给你把车修好。终于，车修好了，但是修车匠向你要的修车费贵得超出你的想象。虽然你觉得不可思议，不敢相信，但修理工付出了劳动，向你索要修理费理所应当，你们之间的分歧就是，修理费是否过高。

在面对这位咄咄逼人的对手时，我们应该鼓起勇气据理力争，还是乖乖付钱求个安宁？

这种攻击型对手之所以咄咄逼人地攻击你，是因为他的理由不足，所以他们总想用气势来压倒你。他们也很清楚，修理费是应该收，但不应该收这么贵。所以，在他气势汹汹地攻击你时，你不必惊慌失措或者急着辩解，你只要冷眼旁观即可。等到他表演结束恢复本来面目时，你再去与他据理力争，他就会给出合情合理的价格。

并不是每个攻击型对手表面上都会那么可怕，想要击败他们，关键是要找到他们的致命要害，也就是他们理由的不足之处。一旦将他们的弱点掌握在手中，你就可以用跟对付一般的强硬型对手相同的方法来对付他。比如说，你可以跟他说，要向他的主管部门投诉他，或者让当地政府帮你们解决，这样他就会明白，依靠乱收费来发家致富是行不通的，一不小心还会赔了夫人又折兵。等到对方的气焰熄灭了，你再有理有据地跟他们争论，让他们害怕、不敢再强词夺理，你就赢了。跟这类人打交道时，切忌惊慌失措，因为那会令你自乱阵脚；也不可过于愤怒，因为那会让你自己失去方寸，这样就会给对方以可乘之机，并使自己在某种程度上受到伤害。

2. 搭档型谈判者

　　还有一类谈判对手，他们在整个谈判的过程中虚虚实实，若隐若现，令人防不胜防，这类人就是搭档型谈判者。

　　搭档型谈判者通常会在一开始时派一些低层人员来谈判，当快要签约时，高层人员会突然插入进来，告诉你己方人员没有决定权，这个协议不能签，理由或者是时间不确定，也或者是价格过低。当你彻底失望的时候，他又会向你表示，要成交也可以，但你必须在价钱方面做出一些让步……这时的你已经无计可施，你的底牌都已掀开，你的一切秘密都已经被对方掌握，除非你不想达成协议，否则你只能让步。

　　这种方法常常被汽车交易商所使用。当你跟推销员把一切都谈妥，准备付钱的时候，他的老板会突然出现并跟你说："他无权把汽车以这么低的价格出售。"

　　你虽然很不高兴，但又没有办法。这时，聪明的老板会跟你说："如果你真的看上了这部汽车，我也可以跟你成交，但是价钱必须要再稍微提高一点儿。"在这种情况下，你往往会同意他的建议。因为你已经跟他谈到了这种程度，而且你也确实看上了这部车，也就不会介意再添一点儿钱。这些汽车商人懂得如何利用顾客购车的心理来达到他们的目的。已经花了很多时间和精力的顾客为了不付出更多的时间和精力、耽误许多其他更重要的事情，往往宁愿多花一点儿钱也不想将这整个过程再重复一遍。因此，这类搭档型谈判者在谈判桌上总是无往而不胜。

所以，你应该在谈判开始时就确定对手是否有在协议书上签字的权利。假如他没有，你就应该坚决拒绝谈判。不过，对付他们还有另外的方法，那就是以彼之道，还施彼身。既然他们派了低层人员来谈判，你也可以同样派低层人员去对付他。等到草签协议之后，你再直接与对方的高层人员谈判。这样你就不会被人牵着鼻子走，在关键的时候有较大的转还余地。

如果你的对手在谈判之初假装自己有决定权，但等到谈判进行到最后，要签协议时，他忽然告诉你在签字之前他必须获得上司的批准，这时，你是做出让步让协议得以签署，还是断然拒绝让以前的努力全部白费？

你当然可以愤怒地指责对方，但于事无补。事已至此，你必须做出选择。是否签署这份协议，关键要看你是否真的很想跟对方成交。

如果这笔交易对你来说很重要，你就只能做出让步，签署协议。但如果这份协议对你来说无足轻重，或者，对方的欺骗令你无法容忍，你可以跟对方说："我方的立场是不会改变的，如果这份协议对你来说还有价值，就请签上你的名字。否则，我们就没有继续谈下去的必要了。"这时就轮到对方着急了，因为他这样做的目的无非是追求己方的利益最大化，如果协议真的不能签署，对他来说将是一个很大的损失。

和这类谈判者打交道时，要非常小心。因为，他们会在谈判桌上到处设陷阱，一不小心你就有可能会掉进去。

3. 团体型谈判者

在谈判桌上出现最多的，是团体型谈判者。一般情况下，团体型谈判者是指成员达到三人或三人以上的谈判团体。如今，很多谈判的内容往往需要各类专家到场，尤其是在涉及高科技方面的谈判时更是如此，否则，谈判中遇到的很多专业问题就难以解决。

假如谈判的时候，己方只有一个人，而对方是一个团体，就会出现实力悬殊较大的情况。

在这种情况下，人多的一方总是占优势。因为他们可以使用车轮战术将对方拖到筋疲力尽，而己方还是精力旺盛，等到对方被拖垮时，就可能会做出错误的判断。团体型谈判者之所以排出人多势众的阵势，就是想要用软硬两种手段向对手施压，使对方疲于应付，最终不得不做出让步。他们通常使用这样的手段：扮红脸的人会对你提出的条件表示强烈的不满，要求你修改条件或做出某种让步。他会威胁你说，他宁可谈判失败也不会签署对己方不利的协议。这时，扮白脸的人就粉墨登场了。他们首先会对你表示理解，然后就会对你说，希望你能做出一些让步，有时为了缓和谈判的气氛，他们还会象征性地自责一下。

对方人数上的优势，使他们可以在谈判时摆出各种各样的面孔。这时，己方一定要保持镇定，要透过表面看穿他们的本质。他们其实很害怕你离开谈判桌，一旦你表示不谈了，他们一定会很着急，因为没有了你，谈判就失去了意义。但是，这种事情并不容易预料。比方说，一场很简单的谈判，你觉得三个人足够了，但出乎你意料的是，对方派出了十个人，拉开了阵势。如果你能预先料到这种情况，那你当然可以同样派出十个人来与之对抗，但问题是，在坐到谈判桌上之前，你无法知道自己是不是以寡敌众。

这时，你就要拟好作战方式。你需要考虑，怎么安排队伍才能使己方实现最优的阵型，是三个人抱团一起作战，还是单个人分别迎敌。通常的做法是：用分工协作的方法，充分发挥每个人的长处，把对方的优势化解掉。

为了弥补己方人员不足的劣势，化解对方人多势众的优势，你可以在谈判时向对方要求，无论任何时候，都要所有人全部参与讨论。这样在双方讨论每一个问题时，对方十个人都必须出席，就可以使他们的车轮战术落空，增加他们谈判的成本，他们就会急于结束，缩短谈判的时间。需要注意的是，在三人对十人的情况下，如果对方提出分组讨论的建议，最好不要同意。因为那样的话形势就会变成对方以三人对己方一人，对己方相当不利。

如果谈判进行得异常激烈，双方争论不休，己方应接不暇，最佳的解决办法就是拖延时间，增加休息的机会。这样可以让己方有更多的机会做些喘息和调整，为下一轮谈判做好充分的准备，同时也可以在对方凌厉的攻势下扭转局势，使之变得对己方有利。团体型谈判有好处也有缺点，关键是你的应对方法。选择一个好的应对手段常常可以使己方转败为胜。

4. 逼迫型谈判者

有时，我们还会在谈判中遇到逼迫型谈判者。

这类谈判者是最不容易应付的对手之一，一般情况下，他们会使用各种各样的手段来威胁对手，逼其就范。他们的方法有很多，如利用期限来胁迫对方，利用对方的竞争对手来胁迫对方，利用拖延战术来胁迫对方，甚至利用无中生有的方式来胁迫对方等。只要使用得好，这些手法通常都会比正面强迫有效得多。

对付这样的对手，就需要我们在谈判中识破对方的计划，并采取有效的方法破解对方的阴谋。同时，我们也可以适当地采取一些威胁的方法，逼迫对方做出让步，使局势有利于己方。

期限式逼迫方法在众多的逼迫式谈判方法中使用的最多。在谈判时，逼迫对手在最短的时间内做出决定，让对方明白事情的严重性，从而产生一种压力。对手为了不使这一段时间以来的努力付之东流，往往会做出一些让步来使协议得以签署。当然，这样的期限只是一方单独制定的。另外有些期限是必须客观的，不以人的意志为转移的，也就是说，必须要得到谈判双方共同的认可，任何一方都不可以随便改变。

一般来说，可以通过两个方面的情况对期限式逼迫进行衡量和确定。一是假如超过这个期限，是否会对己方造成损失，或会造成多大的损失，二是这份协议对己方来说是否非常重要。通常，我们需要把对方设定期限的动机研究清楚，并仔细衡量，如果谈判失败，谁的损失更大，据此对对方设立期限仅仅是为了制造压力还是真的不想继续谈了做出准确的判断。

一般来说，如果不能确定自己的做法对己方有利，就不要鲁莽行事，要有十足的耐心。作为谈判者，我们应该明白，很多期限都是有商量余地的，我们不需要在对方提出期限的时候噤若寒蝉。期限式逼迫通常都不会像你想象中那么急迫，事实上，它比大多数人认为的都要灵活得多。

让两个或两个以上的对手互相竞争，令他们各自产生一定的压力，对自己大开门户，使自己能够坐收渔人之利的，就是竞争式逼迫。竞争的一方往往会开出更优惠更具诱惑力的条件，来抢到这单生意。在这场战役中，获利的一方通过掌握双方的详细情况，使他们彼此形成威胁，从而实现自己的利益最大化。

在现代商业社会里，竞争式逼迫屡见不鲜。当遭遇到这种情况时，该怎样对付呢？首先，我们应该了解自身的优势和劣势，并与自己的竞争对手进行比较，假如自己确实比对手强，就一定要坚持己方的原则和立场，不向压力屈服，尽可能使自己获利，或至少，将损失减到最少。

有意拖延达成协议的时间，给对方造成紧张感，使对方只得积极寻求解决的办法，从而使事情朝着有利于己方的方向发展，就是拖延式逼迫。

但是，这种方法一定要在自己有把握取胜的情况下才能使用。如果拖延战术会对自己不利，那就得不偿失了。假如目前的情况对自己不利，或者对手提出的条件过高，而我们又不急于与对方达成协议，那么不妨使用这种战术，以使自己尽可能多地获利。

无中生有式逼迫法，是谈判中的最高境界，使用这种方法必须做到天衣无缝，否则就会很危险。

虚构一个事件或竞争对手，令对方产生压力，进而糊里糊涂地做出让步，使自己得到最大的利益，就是无中生有式逼迫法。

例如，在某项有关技术产品的谈判中，我们可以无中生有地宣称自己掌握了技术更优良、性能更好、价格更合理的产品，无形中给对方造成一种心理压力。

又如，当谈判陷入僵局时，我们可以跟对方说，他们的竞争对手——

某国的代表团已经抵达，并且将与己方展开谈判，让对方在半信半疑的情况下产生心理压力，被迫做出让步。

5. 防御型谈判者

防御型谈判者是非常聪明的谈判者，他们尤其善于对付强硬派和攻击型的对手。防御型谈判者可以轻松地避开他们的锋芒，并在忍耐中找到合适的机会反击。

通常，处于以下两种情况的谈判者会使用防御型的方式：

第一种是他们的确还没有做好准备。就是说，对方对于谈判中可能会出现的问题还没有做好充分的研究和准备，或者，他们还没有拟好一个有效的进攻战略，只好采取防御型谈判方式。

如果是这种情况，你当然不能放过这个机会。你要迅速地组织有效的进攻，在对手组织好人员和战术之前结束谈判，不给对方反击的余地。一个经验丰富的谈判者一定要牢牢地把握住这样的好机会。

第二种是在防御型方式的背后另有图谋。对手很可能已经做好了周密的布置，等你把底牌全部亮出后，再一点一点地杀你的价。当你意识到自己上当的时候，已经无法挽回了。在面对这种对手时，一定要时刻保持警惕，随机应变，可以适当地向对方施压，但为了防止自己变得被动，绝不可以把自己的秘密完全暴露在对方面前。

　　防御型谈判者是最难对付的，因为你看不清他们的底细。任何攻势在他们的面前都显得疲软无力。有时，他们还会故意朝你微微一笑，让你琢磨不透他们的想法。

书目